U0588920

高职院校劳动教育体系构建与实施研究

郭金龙◎著

吉林出版集团股份有限公司
全国百佳图书出版单位

图书在版编目（CIP）数据

高职院校劳动教育体系构建与实施研究 / 郭金龙著.
-- 长春：吉林出版集团股份有限公司, 2023.10
　　ISBN 978-7-5731-4436-2

　　Ⅰ.①高… Ⅱ.①郭… Ⅲ.①劳动教育—教学研究—
高等职业教育 Ⅳ.①G40-015

中国国家版本馆CIP数据核字(2023)第204973号

高职院校劳动教育体系构建与实施研究
GAOZHI YUANXIAO LAODONG JIAOYU TIXI GOUJIAN YU SHISHI YANJIU

著　　者　郭金龙
责任编辑　蔡宏浩
开　　本　787 mm × 1092 mm　1/16
印　　张　5.5
字　　数　120 千字
版　　次　2023 年 10 月第 1 版
印　　次　2023 年 10 月第 1 次印刷

出　　版　吉林出版集团股份有限公司
发　　行　吉林音像出版社有限责任公司
　　　　　（吉林省长春市南关区福祉大路 5788 号）
电　　话　0431-81629679
印　　刷：吉林省信诚印刷有限公司

ISBN 978-7-5731-4436-2 定　　价　68.00 元

如发现印装质量问题，影响阅读，请与出版社联系调换。

PREFACE

前　言

马克思十分重视劳动教育对推动社会生产力的作用。他认为，只有通过教育与劳动的相互渗透结合，才能提升劳动者的劳动效率并推动社会生产力的发展。恩格斯进一步提出了劳动创造人的观点，认为教育源于劳动。他尤其强调劳动和教育结合的重要性，认为只有实现教育与劳动的真正结合，才能培养出满足生产力发展和社会需要的人。列宁结合苏联具体实际，提出了教育与生产劳动相结合的实现路径并运用到国家教育和经济发展当中。我国历任国家领导人也高度重视教育与生产劳动、社会实践的结合，强调劳动在人的全面发展中的重要作用，进一步丰富和发展了劳动教育思想。

我国领导人尤其重视劳动和劳动教育在中国特色社会主义新时代中的重要作用，其一系列重要论述强调了劳动是推动人类社会进步的根本力量，要让劳动最光荣、劳动最崇高、劳动最伟大、劳动最美丽深入人心，蔚然成风；明确了新时代劳模精神、劳动精神、工匠精神的具体内涵，号召大家满怀信心投身全面建设社会主义现代化国家、实现中华民族伟大复兴中国梦的伟大事业，通过诚实劳动，实现美好梦想、破解发展难题、铸就生命辉煌。

本书以新时代为研究背景，以劳动体系构建为核心，以研究框架为指导，从聚集一个中心、打造两大教育平台、进行三大任务、突出四个结合、贯穿四大要素、健全八大体系这六个具体的方面，层层递进，对高职院校劳动教育体系的构建与实施做了全方位的分析与策略指导。本书的最后，以项目实施的方式介绍了劳动教育的具体实践。本书中心明确，结构严谨，内容丰富，脉络清晰，兼具学术价值与实用价值。

本书可以作为高职院校学生劳动教育的指导用书，也可作为从事高职院校劳动教育制定与规划的管理人员参考使用。

CONTENTS

目 录

第一章　全面构建体现新时代特征的劳动教育体系

全面构建体现新时代特征的劳动教育体系，意味着让学生接受扎实有效的劳动教育，强调以习近平新时代中国特色社会主义思想为指导，落实立德树人根本任务，把劳动教育纳入人才培养全过程，贯通大中小学各学段，贯穿家庭、学校、社会各方面，与德育、智育、体育、美育相结合，把握育人导向，遵循教育规律，创新体制机制，注重教育实效，实现知行合一，促进学生形成正确的世界观、人生观、价值观。

第一节　理解劳动教育基本内涵

劳动教育是一个动态、发展的概念，其内涵随着时代的变化而不断丰富、发展和完善。至今社会各界对劳动教育的内涵在一定程度上仍存在着误解。在学校和家庭教育中，劳动常常被窄化为参与简单的体力劳动，致使劳动教育成为与脑力劳动、日常学习无关的活动，被认为是学生的额外负担，也因此使劳动教育的价值没有得到彰显。劳动教育有时甚至被等同于技艺学习、娱乐活动、惩罚手段。这些现实畸变都与对劳动教育的内涵缺乏深度解读有关。要全面构建体现新时代特征的劳动教育体系，首先要深刻理解劳动教育的基本内涵。

一、劳动教育是国民教育体系的重要内容

马克思主义劳动观认为，劳动创造世界、劳动创造历史、劳动创造人本身，劳动是人类的本质特征和存在方式，是实现人的全面发展的重要途径，劳动在推动人类文明进步和社会发展中发挥了重要作用；马克思主义政治经济学则强调劳动价值理论，倡导按劳分配等社会主义经济原则；在马克思主义的教育思想中，培养在体力、脑力上全面发展的人，以及"教育与生产劳动相结合"等，一直是社会主义教育实践的重要指针。在我国教育方针以及相关教育政策中，一直高度重视劳动教育。可以说：劳动教育是社会主义建设事业的需要，对劳动教育的强调是社会主义教育的根本特征之一。然而，受市场经济体制的建立、工业化和城镇化进程的不断推进，以及人口政策的实施等因素的影响，社会对于劳动的认识不断发生改变。当前存在一些青少年不珍惜劳动成果、不想劳动、不会劳动的现象，劳动教育正在被软化、弱化。基于此，必须明确新时代劳动教育是中国特色社会主义

教育制度的重要内容，是我国国民教育体系不可缺少的一部分，是学生成长的必要途径，应加强新时代劳动教育，帮助当代青年深刻理解和形成马克思主义劳动观。

《教育大辞典》从劳动教育的内容和劳动素养出发，将劳动教育定义为"劳动、生产、技术和劳动素养方面的教育，旨在培养学生正确的劳动观点、劳动态度、劳动习惯，使学生获得工农业生产基本知识和技能"。有学者从劳动素养方面界定劳动教育，认为劳动教育是以提升学生劳动素养的方式促进学生全面发展的教育活动，并指出良好的劳动素养包括确立正确的劳动观点、积极的劳动态度、热爱劳动和劳动人民、形成劳动习惯、有一定劳动知识与技能、有能力开展创造性劳动等。可见，在养成良好劳动素养方面，劳动教育特别强调：其一，促进学生具备一定劳动知识与技能，成为全面发展的人；其二，发展学习者创造性劳动的潜质，成为新时代所需要的创造性劳动者；其三，形成良好的劳动习惯，成为"流自己的汗、吃自己的饭"的有尊严、有教养的现代公民。高职教育培养的是适应生产、建设、管理、服务第一线需要的高素质技术技能人才，尤其需要吃苦耐劳、艰苦奋斗精神。在社会价值观多元化的背景下，一些学生好逸恶劳、拈轻怕重，毕业后频繁跳槽，表明其劳动意识、劳动态度以及劳动精神等方面都出现了一定的问题，亟须补上劳动教育这块短板。劳动教育是培养和提高高职学生劳动素质和职业能力的重要途径，有助于培养正确的劳动观、价值观、成才观，对高职院校育人工作有着重要意义。在高职院校重视劳动教育，重构"德智体美劳"的教育体系，既是落实教育为人民服务，培养社会主义劳动者的政治需要，又是培养大国工匠，助推产业结构转型升级的经济需要，更是调整教育结构和提高教育质量的需要。

二、劳动教育具有综合育人价值

新时代劳动教育立足于人的整体性，融合多学科知识，对人、社会和自然进行整合，将理论知识有机融入现实社会，对学生健全人格发展起着重要作用，具有树德、增智、强体、育美的综合育人价值，全社会必须高度重视，坚持立德树人，把劳动教育贯穿于人才培养的全过程。

（一）劳动能"树德"

品德修养是一个人的立身之本、成才之要。劳动是人类最基本、最普遍的实践活动，在培养和发展人的道德品质、提高人的思想境界过程中扮演着重要的角色。劳动教育的核心是培养劳动价值观、劳动情感态度和劳动伦理品德，与道德教育有着天然的密切联系，还曾一度作为德育的重要内容。青少年阶段是人生的拔节孕穗期，最需要精心引导和栽培，尤需以劳树德，扣好人生的第一粒扣子。把劳动教育纳入人才培养全过程，注重培养勤俭、奋斗、创新、奉献的劳动精神，引导学生树立正确的劳动观，崇尚劳动、尊重劳动，增强对劳动人民的感情，报效国家，奉献社会。劳动本身就是一种美德，可以使学生深刻理解"幸福是奋斗出来的",唯有通过辛勤劳动才能实现人世间的美好梦想,从而更加坚定为中华民族伟大复兴而奋斗的理想信念;可以使学生积极践行社会主义核心价值观,主动参加志愿服务,勇于担当时代责任,不断增强社会责任感和公益心,大力弘扬社会文明新风尚;可以使学生更加珍惜劳动成果,明白"成由勤俭败由奢"的道理,牢固树立节约光荣、浪费可耻的思想观念;可以使学生懂得"天下大事,必作于细",成就事业必须脚踏实地,把劳动当作锻炼自己难得的机遇,用劳动创造出彩人生、为民族复兴赋能。

(二)劳动能"增智"

劳动作为一种创造性活动,是一切知识的源泉。无论是体力劳动,还是脑力劳动,要想熟练掌握一项劳动技能,必须手脑并用。大脑指挥手做出各种各样的动作,劳动过程中的不断试错和纠错,又促进了大脑的思考。劳动还能将学生在课本上学到的知识用于实践,学以致用,解决生活问题。在这样的劳动过程中,学生对书本知识的理解会更深、记得更牢,既训练了实践技能,又促进了智力的不断发展。

新时代劳动形态已发生了重大变化,不仅是传统的简单劳动,还包括新兴、复杂的创造性劳动,特别是以人工智能、大数据、云计算、区块链等为代表的科学技术劳动,日新月异,各种新事物、新知识、新技术层出不穷,为新时代劳动注入新的内涵。新时代实施劳动教育,应与时代发展同向同行、同频共振,应注意手脑并用、安全适度,强化实践体验,让学生亲历劳动过程,注重培养学生科学精神,引导学生在干中学、在学中干,善于发现问题,勇于探索新知,提高创造性劳动能力,实现智慧劳动、创造劳动,提升育人实效性。

(三)劳动能"强体"

从人的身体生长发育规律来看,青少年时期是生长发育的关键期,这一时期身体发育状况直接关乎将来的生命质量。习近平总书记强调,"少年强、青年强则中国强。少年强、青年强是多方面的,既包括思想品德、学习成绩、创新能力、动手能力,也包括身体健康、体魄强壮、体育精神"。劳动不是一种简单的体力或脑力活动,而是一种有效的教育手段、科学的健体方式,特别是适当的体力劳动,能够促使人的肌体充满活力,改善血液循环,促进新陈代谢,优化生理机能,磨炼意志耐力,对促进青少年身体发育、培养健康体魄、实现全面发展具有十分重要的作用。

实施劳动教育的重点是让学生动手实践、出力流汗,接受锻炼、磨炼意志。这突出强调了劳动教育要以课堂之外的体力劳动为主,符合青年学生身心成长规律和教育规律,要有助于学生强身健体、吃苦耐劳、注重协作,为其全面发展、健康工作、幸福生活打下坚实基础。

（四）劳动能"育美"

审美是人类重要的精神活动，人类发展史既是一部自然进化的历史，也是一部在文明发展中不断自我教育的历史。马克思在《1844年经济学哲学手稿》中提出"劳动创造了美"的观点，科学揭示了美的根源在于劳动，反映了劳动之美具有合规律性与合目的性的有机统一。劳动是个体谋生的基本手段，一切幸福都源于劳动价值的美丽绽放。当前，一些青年学生价值观、幸福观、审美观出现了偏差，有的人不懂劳动、不愿劳动、不会劳动，甚至幻想不劳而获、少劳多得、一劳永逸。劳动既具有传授知识技能的教育功能，又具有创造美好的价值功能，注重追求人的自我实现和全面发展。

实施劳动教育，可以有效发挥青年学生的主观能动性，深入挖掘学生的创新创造潜能，使学生在致力创造美好的过程中，体验劳动愉悦、收获劳动成果，从而实现自我完善与自我提高，不断增强创造美和欣赏美的能力。构建大中小学各学段上下贯通、普通教育与职业教育有机衔接，家庭、学校、社会各方面相互作用的劳动教育体系，引导不同层次、不同阶段、不同类型学生在劳动中循序渐进培养审美观念、丰富审美体验、提升审美旨趣，深刻认识和理解劳动之美，真正懂得"劳动最光荣、劳动最崇高、劳动最伟大、劳动最美丽"的道理，主动追求更有高度、更有境界、更有品位的美好人生。

三、教育与劳动相结合，确立劳动教育的独立学科地位

劳动不仅创造了历史，还成就了教育。教育与劳动相结合是马克思主义教育的基本思想。列宁指出："没有年轻一代的教育和生产劳动的结合，未来社会的理想是不能想象的；无论是脱离生产劳动的教学和教育，或是没有同时进行教学和教育的生产劳动，都不能达到现代技术水平和科学知识现状所要求的高度。"苏联教育家苏霍姆林斯基认为，"离开劳动，不可能有真正的教育"。无论时空如何变化，时代如何发展，劳动促进人全面发展的作用都不会发生改变。

依据马克思主义劳动观，劳动分为生产劳动和非生产劳动，相应的劳动教育可分为生产劳动教育和非生产劳动教育。鉴于劳动教育内容的针对性和可行性，非生产劳动教育分为日常生活劳动教育和服务性劳动教育，前者注重在学生个人生活自理中强化劳动自立意识，体验持家之道，这也是学生健康发展、适应社会生活的重要基础；后者具有较强的时代特点，注重利用知识、技能、工具、设备等为他人和社会提供服务，特别是在公益劳动、志愿服务中强化社会责任，培养良好的社会公德。

随着时代的发展，劳动的构成更加复杂多元，现代化、信息化、智能化的劳动内容不断增加。高职院校实施劳动教育应针对高职学生的特点，根据人才培养目标，在系统的文化知识学习之外，有目的、有计划地组织学生参加日常生活劳动、生产劳动和服务性劳动，让学生动手实践、出力流汗，接受锻炼、磨炼意志，培养学生正确的劳动价值观和良

好劳动品质，实现知行合一，获得身心全面发展。这实际上确立了劳动教育的独立学科地位，将劳动教育与智育区别开来，强调劳动教育不同于系统的文化知识学习，或者说不能用系统的文化知识学习代替劳动教育，劳动教育具有自己独立的教育体系。

第二节 明确劳动教育总体目标

从"德智体美"到"德智体美劳"，要求五育并举、协同育人，充分体现了国家对劳动教育的高度重视和引导学生崇尚劳动、尊重劳动的目标导向。新时代劳动教育，主要是针对一些青少年中出现的不珍惜劳动成果、不想劳动、不会劳动的现象，从思想认识、情感态度、能力习惯三个方面明确了总体目标，即通过劳动教育，使学生能够理解和形成马克思主义劳动观，牢固树立劳动最光荣、劳动最崇高、劳动最伟大、劳动最美丽的观念。体会劳动创造美好生活，体认劳动不分贵贱，热爱劳动，尊重普通劳动者，培养勤俭、奋斗、创新、奉献的劳动精神；具备满足生存发展需要的基本劳动能力，形成良好的劳动习惯。这一总体目标，突出强调了劳动教育的思想性，体现了劳动的知情意行各个要素的辩证有机统一，为在高职人才培养全过程中切实加强推进劳动教育、提升教育实效，指明了正确方向与科学路径。

一、全面构建劳动认知体系，突出劳动教育的思想性

第一，系统掌握马克思主义劳动观的基本原理。通过专题讲授，明确马克思主义劳动观的基本内容：劳动是人类的本质活动、劳动创造了人、劳动交往推动了人类社会和人类历史的形成与发展、劳动是价值创造的源泉、对资本主义劳动异化问题的批判、劳动对人自身解放的意义与作用，等等。这些内容为学生构建科学的劳动知识体系夯实了理论基础。第二，树立正确的劳动价值观。引导学生能够对劳动及其在各自人生目标中的作用和意义进行正确的价值判断，牢固树立劳动最光荣、劳动最崇高、劳动最伟大、劳动最美丽的观念。要以辛勤劳动为荣，以好逸恶劳为耻，形成正确的劳动伦理道德。第三，加强劳动法律教育。劳动是全体公民的权利和义务，指导学生学习宪法和劳动法中关于公民劳动、合法劳动、维护劳动者合法权益以及公民依法履行劳动义务等相关规定，树立法治观念，增强法律意识。

二、培养高尚的劳动情感，形成对劳动的情感认同

劳动情感是对劳动是否满足自身需求而产生的态度体验，具体表现为对劳动是尊重还是轻视，是热爱还是厌恶的情感倾向。培育高尚的劳动情感是新时代劳动教育总体目标的关键内容，要帮助学生树立崇尚劳动、尊重劳动、热爱劳动的态度，让他们懂得"一切劳

动，无论是体力劳动还是脑力劳动，都值得尊重和鼓励；一切创造，无论是个人创造还是集体创造，也都值得尊重和鼓励"。只有产生与马克思主义劳动观相一致的积极劳动情感，学生才能在真正意义上理解劳动没有高低贵贱之分，日后走上社会工作岗位才能干一行、爱一行、钻一行。情感认同是以情感所特有的方式来实现对价值观的认可与接受，对劳动的情感认同是建立在情感体验基础之上的，即日常生活场景下对劳动价值观的直观感受与体验。要遵循情感教育规律，通过在全社会营造劳动光荣、创造伟大、切实尊重与保障劳动者权益的社会氛围以及对劳动模范先进事迹和进取精神进行大力宣传，运用情感的增力作用提高自身的劳动实践能力，更好地发挥劳动的积极性、主动性和创造性；发生负面事件时，要善于调节学生的消极劳动情绪，做好这些消极劳动情感的转化和升华工作，努力去除消极情感的减力作用，将学生的消极情感转化为积极劳动行为的动力。高级情感的充分发展依托于多彩的实际生活场景，培养健康的劳动情感，增强情感认同，必须使学生尽可能丰富自身健康的劳动生活内容，在感受生活意义的同时增强对劳动的情感体验。

三、培育优秀的劳动意志品质，充分发挥劳动意志品质的调控作用

意志品质是人在克服困难、实现特定目标的过程中表现出来的品性和素质，劳动意志品质主要体现为从事劳动行为的自觉性、劳动过程中遇到困难的坚持性、劳动选择的果敢性以及受到诱惑所表现出的自制性。劳动行为本质上就是一种意志行动，当前部分学生中出现的劳动"知行分离"现象，其关键原因就在于缺乏上述排除内外障碍以努力实现社会劳动要求的坚强的意志品质。劳动意志品质的调控作用贯穿于人对劳动的认知、情感与行为过程，劳动意志坚定，才可能有深入持久的劳动认知过程，才可能对劳动产生火热的情感，才可能形成良好的劳动行为习惯。反之亦然。顽强的意志行动来源于伟大的目标与科学的世界观，要将马克思主义劳动观与人生理想、与实现中华民族伟大复兴的宏伟目标紧密结合，为培养学生良好的劳动意志品质提供坚定正确的方向指引；充分发挥劳动情感的助力功能，激发学生热爱劳动、自觉自愿从事劳动实践、弘扬劳动精神、促进劳动意志品质的活跃性；由易到难，循序渐进，持之以恒，注重在日常生活的平凡实践活动中锤炼劳动意志品质。

四、掌握劳动技能，形成良好的劳动行为习惯

必要的知识与技能是实际行为具有科学性的保证，一些学生"不珍惜劳动成果、不想劳动、不会劳动"的现象，部分原因就是缘于缺乏基本的劳动技术。无论是体力劳动还是脑力劳动，都有其自身的规律性，学校、家庭、社会要形成协同育人格局，通过设置各个层次的劳动教育课程体系和日常化、规范化、多样化的劳动教育形式，让学生熟练掌握基本的劳动操作技术，具备实践动手能力，让他们"能劳动，会劳动"。实践育人，劳动精

神与劳动习惯的养成离不开劳动实践的锤炼。要努力拓展劳动实践渠道，有目的、有计划地组织学生参加生活生产劳动、服务性劳动与创新性劳动，让学生在出力流汗和辛勤创造中掌握劳动技能，提高劳动素养。劳动是一种辛苦的付出，劳动体验的过程有利于学生端正劳动态度，增强劳动责任意识，理解与尊重他人的劳动成果，而学生在体验劳动成果带来的获得感的同时，更能充分认识劳动的价值与意义，良好的行为习惯也得以形成与固化。

第三节　设置劳动教育课程体系

在新时代背景下，设置劳动教育课程体系是全面构建体现时代特征劳动教育体系的一项重要内容。为使劳动教育落实落地，应以课程为抓手，整体优化劳动教育课程设置，设立劳动教育必修课和劳动周，保证必要的劳动实践时间，同时强调其他课程有机融入劳动教育内容和要求；积极推进劳动教育课程改革，全面搭建劳动教育平台，形成培养学生劳动意识、劳动习惯和劳动技能的多维阵地。

一、整体优化劳动教育课程设置

整体优化学校课程设置，高职院校应将劳动教育纳入人才培养方案，形成具有综合性、实践性、开放性、针对性的劳动教育课程体系。其中，劳动教育课程设计是重要一环，应注重学生核心素养的培养。具体来说，劳动教育课程设计应当包括劳动意识、劳动习惯、劳动素养、劳动技能、劳动成果等要素，让学生在劳动教育课程中提高对劳动重要性的认识，自觉形成劳动习惯，具备务实重行、不畏困难、百折不挠、精益求精、追求卓越的劳动素养和品格，锻炼学生的动手能力以及创造性设计、研发的能力，从而最终做出创造性的劳动成果。

从整体来看，不仅要大力推进劳动教育课程设计的落实，而且要执行已有劳动教育的相关课程，将劳动教育课程纳入教学大纲和教学计划。高职院校应以实习实训课为主要载体开展劳动教育，其中劳动精神、劳模精神、工匠精神专题教育不少于16学时。开展劳动教育除了开设专门的劳动教育必修课程外，还要结合其他课程的学科、专业特点，梳理各学科中所蕴含的劳动知识和劳动教育功能，实现劳动教育与其他学科知识体系的有机融合，润物细无声地将劳动教育思想和内容有机融入各学科教学，让学生受到潜移默化的影响。如思想教育与劳动教育的整合，以德育增强认识，实现德育与劳育协同育人；专业课与劳动教育的整合，根据不同专业的学科特色，充分挖掘劳动教育的元素，有针对性地引领青年提升劳动素养。此外，还可在职业辅导、就业指导等课程中融入劳动精神和劳动知识，给予高职生适当引导，让他们正视自身劳动技能的优点和缺点，找到合适的工作岗位，为学生今后的学习和就业奠定基础。还可以把毕业实习、实训与劳动教育的内容充分结合，在强化专业知识和专业技能中培养高职生的劳动素养。

此外，高职院校可在学年内或寒暑假设立劳动周，以集体劳动为主；也可安排劳动月，集中落实各学年劳动周要求。有条件的地方和高职院校还可以开发地方特色课程和校本课程，为学生提供更丰富多样的劳动教育课程。可根据需要编写劳动实践指导手册，明确教学目标、活动设计、工具使用、考核评价、安全保护等要求。

二、积极推进劳动教育课程改革

劳动教育课程改革要紧紧把握时代特点，旨在教育学生在继承中华民族优秀劳动传统的同时掌握新时代劳动基本技能，树立现代劳动观念，使劳动意识和行为与未来社会发展需求相匹配，为培养高素质劳动者和接班人奠定坚实基础。在劳动教育课程的设计上，要加强系统规划，一方面体现学段特征的渐进性，另一方面要体现不同层面和类别劳动素养的目标要求和实现路径，用科学的顶层设计引领学校的创新实践。要进一步增强劳动教育课程的先进性和科学性，梳理并审定已有相关劳动教育的各种课程和教材，明确课程内容，有针对性地调整劳动教育课时，保障劳动教育能够可持续、与时俱进地长期开展。开放劳动教育教材的区域输出和输入渠道，促进一些具有先进教育思想、教学方法、学习模式的教材跨区域流通，有效交流。探索适合劳动教育实施的多种教学模式，不断提高劳动教育的教育教学质量，支持和鼓励学生积极参加社会劳动实践、志愿服务等活动，在劳动过程中逐渐养成敢于承担社会责任、饱含真善美的情怀。

三、全面搭建劳动教育的平台

全面加强新时代劳动教育，不仅需要落实到课程优化设置上，还需要搭建良好的实施平台。很多国家都十分重视劳动教育课程设计与平台搭建，例如：日本劳动课程体系历史悠久，包括家政课、午餐教育、田地教育等，将劳动教育融入校园和家庭。德国十分强调和重视基础教育中的劳动技术教育，把它视为学生职业生活和社会的重要准备和基础，是学生全面素质教育的重要组成部分，精心设计并贯穿在基础教育的全过程。美国的劳动教育围绕着学生的职业生涯规划而开展，课程主要分为基于成为家庭有效成员的劳动教育、基于就业的劳动教育、基于公民培养的劳动教育。

我们可以参考借鉴其他国家劳动教育的经验，着眼于我国和本地实际，紧密结合当代高职学生全面发展和区域经济社会发展的需要，积极创设广泛多样的劳动教育实践平台，突出体力劳动，让学生动手实践、出力流汗，接受锻炼、磨炼意志。校内平台开发方面，除已建立的实训基地、实训车间外，教室、图书馆、运动场馆等校园场所都是开展劳动教育的重要资源。同时，结合校园文化建设，开展与劳动教育有关的多样化的课外活动，例如征文演讲比赛、"文明寝室评比"、劳动技能竞赛等，学生亲身体验劳动，感悟劳动的意义；还可以利用宣传标语、校园广播、微信公众号等传播载体，或者召开劳动模范和先进人物的报告会、分享会和学习会，做好对劳动模范、工匠精神的宣传工作，通过一系列切实有效的措施营造崇尚和尊重劳动的良好氛围，这对高职生形成正确的劳动意识，提升劳动素养将起到重要的作用。

校外平台拓展方面，加大与地方政府、周边社区、产业园区等的合作，充分利用和有效整合各类社会劳动教育资源，构建优势互补、联动发展的校内外多元劳动教育平台。总而言之，应通过劳动教育的课程设计与平台搭建，在全社会创造浓厚的劳动文化氛围，激发广高职生热爱劳动的内生动力，教育引导他们学会劳动、学会勤俭、学会感恩、学会助人，立志成长为德智体美劳全面发展的社会主义建设者和接班人。

第四节　确定劳动教育内容要求

确定劳动教育内容要求，主要开展日常生活劳动教育、生产劳动教育和服务性劳动教育三个方面。在总体内容设计基础上，分学段提出教育内容要点，强化具体指导。

一、开展日常生活劳动教育，培养学生创造性地解决实际问题的能力

日常生活劳动是一项基本技能，既是回报国家与社会的需要，也是自己今后安身立命的需要。"夙兴夜寐，洒扫庭内"，热爱劳动特别是生活性劳动，是中华民族的优秀传统，洗衣做饭是劳动，打扫卫生是劳动，修理桌椅也是劳动，而且这些维持我们日常生活正常运转的技能，理应被每一个人掌握。高职院校通过引导学生开展自我服务劳动、家务劳动、班务劳动、校务劳动等形式多样的日常生活劳动，帮助学生在个人生活自理中强化劳动自立意识，体验持家之道，培养学生创造性地解决实际问题的能力，为学生健康发展、适应社会生活奠定重要基础。

二、开展生产劳动教育，帮助学生养成艰苦奋斗、实干兴邦的职业素质

生产劳动是指直接创造物质财富的劳动，如从事农业、工业、交通运输业、建筑业等的劳动。与普通教育（尤其是普通中小学）开展旨在增强学生劳动荣誉感、体会劳动的艰辛等情感培育不同，高职院校的劳动教育应注重围绕创新创业，结合学科和专业，积极开展实习实训、专业服务、社会实践、勤工助学等，为学生参加生产劳动创造更多机会。应帮助学生了解实际生产岗位工作人员所需具备的知识、技能、态度等综合职业能力，锻炼提高自身的操作技能，重视新知识、新技术、新工艺、新方法的应用，创造性地解决实际问题，使学生增强诚实劳动意识，积累职业经验，提升就业创业能力，树立正确择业观，

具有到艰苦地区和行业工作的奋斗精神，懂得空谈误国、实干兴邦的深刻道理，提升他们的就业创业能力与职业经验。

三、开展服务性劳动教育，培育学生的公共服务意识和奉献精神

服务性劳动包括志愿服务、社区服务、敬老服务等义务性、公益性劳动形式。高职院校要引导高职生深入社会、走进基层，在体验劳动服务社会的过程中，提高生产生活技能，强化学生的社会责任感，培育公共服务意识，培养良好的社会公德、艰苦奋斗意识与责任担当的优良品质，使学生具有面对诸如重大疫情、灾害等危机时主动作为的奉献精神。把劳动评价结果作为衡量学生全面发展的重要内容，作为评优评先进的重要参考和能否毕业的依据，将服务性劳动也融入学生日常学习和生活。此外，在开展服务性劳动教育的过程中，要结合产业新业态、劳动新形态，注重选择新型服务性劳动的内容。

让劳动成为劳动教育的最佳方式，还要防止劳动教育中的娱乐化、形式化、惩戒化等问题。要通过劳动培养学生生活自理能力，着力提升学生综合素质，把好劳动教育价值取向，促进学生全面发展、健康成长；通过劳动培养学生正确的世界观、人生观和价值观，弘扬劳动精神，养成热爱劳动的习惯，从而在劳动中发现生活的美；通过劳动培养学生正确的劳动观，形成对劳动的正确态度和看法，崇尚劳动、尊重劳动，增强对劳动人民的感情，报效国家，奉献社会，培养担当民族复兴大任的时代新人。

第五节　健全劳动素养评价制度

为使劳动教育更好地贯彻落实，防范学生劳动积极性不高、内在动力不足的问题，还需要健全劳动素养评价制度。将劳动素养纳入学生综合素质评价体系，制定一整套劳动素养评价标准，充分发挥评价的激励和导向作用，组织开展劳动技能和劳动成果展示、劳动竞赛等活动，全面客观记录课内外劳动过程和结果，加强实际劳动技能和价值体认情况的考核。建立公示、审核制度，确保记录真实可靠。把劳动素养评价结果作为衡量学生全面发展情况的重要内容，使新时代劳动教育体系变得更加完善。

一、劳动素养评价的主要内容

劳动素养是指经过生活或教育活动形成的与劳动有关的人的素养，包括劳动价值观、知识、能力等具体指向。苏霍姆林斯基认为，劳动素养还包括"劳动活动在一个人精神生活中的作用和地位，以及劳动创造中的充实的智力内容、丰富的道德意义和明确的公民目的性"。结合高职学生特点、评价指标可操作性、社会认知程度等综合角度来看，劳动素养的内涵与指向重在体现以下四个方面：

一是劳动意识的评价维度。人类的劳动活动是有意识的，在活动之前就存在着一定的思考和安排。培养正确的劳动意识就是让学生具有正确的劳动动机和劳动态度。劳动动机体现为劳动者在劳动过程中所追求的目的，劳动态度体现为劳动者在劳动过程中的心理感受。学校通过劳动教育，使学生明确劳动动机、端正劳动态度，进而增强劳动意识。

二是劳动观念的评价维度。劳动可以锻炼人的吃苦精神，劳动会让人有坚定的意志。劳动观念是人们对劳动的看法和态度。新时代的劳动观念要以热爱劳动为荣、以好逸恶劳为耻，尊重努力劳动、贡献社会的不同阶层的劳动者，愿意以自己的体力和脑力劳动建设祖国、贡献社会、服务人民，树立正确的劳动观念，是提高学生劳动素养的基本要求。

三是劳动能力的评价维度。劳动能力是人们进行劳动工作的能力，包括体力劳动和脑力劳动两个方面，是体力劳动和脑力劳动的总和。劳动能力是让学生懂劳动、会劳动，是人们通过劳动创造价值的必要手段。

四是劳动成果的评价维度。劳动是人与社会、人与自然的互动过程，强调结果评价是在探讨人作为劳动主体，对生活和工作的影响。劳动能使学生学会生活、学会生存、学会交往、学会发展，劳动使人身心健康，通过劳动实践活动培养学生热爱劳动的思想、吃苦耐劳的精神和对工作的责任心。

二、劳动素养的评价载体

劳动素养作为人的内在素质，具有充分的内生性、内在性、自主性特点，必须在外化形态下才能得到准确评价与衡量。构建科学合理的劳动素养评价体系，要重点在丰富评价载体上下功夫，给予劳动素养充分的外在表达空间与形式，既是加强劳动教育的必然要求，也是实现劳动素养科学评价的重要方面。依据高职学生管理的特点，结合劳动教育中对"服务""创造""社行"等劳动价值的重点弘扬，劳动素养的评价载体与呈现形式，即评价体系建构中应涵盖以下四个方面：

一是日常劳动行为。劳动是人类社会各项活动的基本形态之一，劳动素养的生成、塑造与展现都在日常行为中充分存在。高职学生学习、生活各个方面都与劳动意识、劳动观念、劳动能力有着千丝万缕的联系：学生在校内外各个公共场所中能否自觉维护环境卫生，充分尊重他人的劳动成果；在学生宿舍是否有"一屋不扫，何以扫天下"的劳动意识和行动；在参与考试测验、学术研究和科研探索时，能否自觉诚实守信、遵纪守法，严格遵从学术规范，从劳动成果的角度更加深刻和自觉地维护学习学术秩序。劳动素养在日常行为上的表现还可以外化为服务他人、奉献集体的意识与行动。对高职院校学生来讲，积极参与学生社团组织、为集体举办的文体活动贡献力量，都是个人劳动与付出服务他人的形式之一，在构建劳动素养评价体系中，应从劳动成果的维度予以适当体现。

二是志愿服务。志愿服务是劳动教育的重要载体之一，志愿服务的过程是学生实践能力、劳动精神、劳动素质全面锻炼与提升的过程。高职院校将劳动教育融入志愿服务中，让学生有意识、有目的地参与其中，在志愿服务过程中实践劳动精神、弘扬劳动精神。大量的学生志愿服务活动，能够培养学生勇于实践、无私奉献的勤劳奋进精神，增强学生的劳动意识和劳动素质。

三是实习实训。实习实训是高职院校课堂教学的巩固和提升，是学生将理论应用于实践的必要途径，是培养学生吃苦耐劳、知行合一、乐于奉献等优良品德是责任担当意识的重要基地。高职院校应结合自身专业特色，不断完善实习实训项目，为学生提供更多的劳动实践机会，加强校内外实习实训基地对学生劳动素养的引导与教育作用。一方面，深化校企合作，提升人才培养质量，通过校内外指导老师合力，学生在实习实训中树立热爱劳动、劳动光荣的意识；另一方面，学生能够在实际工作岗位的实践锻炼中，立足本职，强化学生的劳动意识和劳动能力，形成个人责任感和使命感，让学生深刻体悟劳动的价值与意义。

四是社会实践。社会实践活动提供了学生与社会的全方位体验与交流的真实场景，学生通过社会实践将知识转化为劳动成果，能够更加直观地感受到通过劳动实现目标、通过劳动创造价值的意义。同时，社会实践活动能够促进学生劳动能力的提高，塑造职业素养和道德品质，通过亲身实践，理解劳动价值的内涵，形成尊重劳动、热爱劳动的真挚情感。

三、劳动素养评价结果的运用

构建劳动素养评价体系要充分借鉴和吸收综合素质评价的有益成果，真正做到评价设计科学合理、评价过程公开公正、评价结果导向正确、社会信服。劳动素养评价体系应当与当前高职院校普遍实行的学生综合素质评价体系相一致、相融合，把劳动素养纳入综合素质评价的"五育"目标之一，从加强劳动教育的视角，优化学生综合素质评价的各项指标设计，实现劳动教育在综合素质体系中的独立占比，提升劳动教育各项内容的重要性。因此，劳动素养评价的结果运用方面应当注重以下三个方面：一是要探索劳动素养评价的独立表彰机制。劳动教育作为"五育"并举的重要指标之一，与德智体美相比，尚未建立起有效的表彰或惩戒机制。学生的思想状态、学习成绩、体格检测、文体评比等都有相对独立的考评办法和表彰机制，但对于"劳育"而言，探索劳动素养评价体系的目标之一，就是要在形成劳动素养评价的定量或定性结果基础上，对劳动素养优秀的学生予以表彰，对相对落后的学生进行促进，通过正面奖励和反向引导的方式，强化劳动教育的具体实施。因此，要从劳动素养评价体系的结果认定上，建立"劳育"表彰的物质性或荣誉性奖励机制，如设立"劳动光荣奖""劳动之星""劳动先进奖""劳动创造奖"等项目，并辅以适当的物质奖励，还可举办劳动技能大赛、劳动表彰大会等活动，扩大劳动素养的教育教学成果，巩固劳动教育的长期效应。

二是要建立劳动素养评价与学生综合素质测评融合机制。劳动教育是"德智体美劳"

全面培养教育体系的重要组成部分，将劳动素养纳入学生综合素质评价体系中，能够充分发挥劳动教育的激励和导向功能。制订涵盖劳动观念、劳动意识、劳动能力的评价制度和评价标准，通过学生综合测评结果将劳动教育与学生评奖评优挂钩，能够促进学生增强劳动意识，更加注重自身劳动素质的培养。目前在学生综合素质评价体系中，劳动教育方面的体现不多，甚至缺失，这种情况亟待改变。劳动素养评价融入综合素质评价体系，要充分考虑劳动素养评价的四项维度，既要设计好劳动意识、劳动观念等非客观维度的测量方法，也要为劳动能力、劳动结果等适宜定量考察的指标进行合理赋值，从而达到充分肯定学生劳动素养的成长与进步的测评目的

三是要建立劳动素养评价结果的长期记录机制。劳动素养评价体系要能够体现学生综合劳动素质，促进学生崇尚劳动、尊重劳动，让学生争做辛勤劳动、诚实劳动、创造性劳动的积极践行者。劳动素养评价为挖掘学生的专业能力潜质提供了基本素质保障，学生在专业知识的学习中发扬吃苦耐劳的精神，形成比学赶超、奋勇争先的浓厚学习氛围，更加有助于挖掘专业能力潜质，为未来成为本专业、本行业的卓越劳动者打下基础。建立劳动素养评价结果的长期记录，能够客观反映学生的成长过程，体现学生劳动能力、劳动态度的发展变化，这对其未来求职升学、择业就业、创新创业等方面都是有益的参考。学生个体的劳动素养评价结果是检验学生个人成长的重要记录，以建立劳动素养评价评分卡、记录表等方式综合反映学生的基本素质，为开展就业推荐、择业指导等提供背景材料和基础信息。另外，对学生劳动素养评价做群体性的长期记录分析，是检验和考察劳动教育成果、效率的重要方面。因此，要尝试通过网络化、系统化、平台化的方式采集学生劳动素养评价信息，构建科学合理的劳动素养评价体系，形成劳动素养评价结果的长期记录，推动劳动教育在高职院校的具体落实落地。

第二章　打造两大教育平台

第一节　搭建主题鲜明的课堂教学平台

在认识劳动教育之前，先要了解劳动教育融入课堂的基本构成、劳动教育培养模式的方针，它不仅是高职院校社会进步的基本源泉，更是国家发展的重要方针。对基础课程理论知识和培养模式进行实时改革和实践，是制度管理普遍要认知且充分实现的。本节将结合国家制度体系管理的特点，以劳动教育理论知识基础为起点，对高职院校劳动教育融入课堂下的课程改革和实践提出规划建议。

一、高职院校劳动教育融入课堂教学平台的现状

高职院校推进和加强劳动教育时，既要看到劳动作为形式所具有的育人价值，还要看到劳动教育作为内容在当代高职生素质能力养成中的重要功能，要注重围绕创新创业，结合专业方向积极开展实习实践、专业服务、社会实践、勤工俭学，有效实施高职院校劳动教育，还需要建立起科学的评价体系以及完整的保障体系。以下将从实践教学和思维领域以及能力发展的维度，列举劳动教育培养模式下的几个阻碍。

（一）劳动教育教学改革思维理念方向不明确

在我国的教育思维理念里，一直少不了对知识点的明确掌握，高职院校在实施劳动教育改革时没有精准的方向定位，在现有高职教育培养模式中，已经形成了学生对传统教学模式的刻板印象，认为枯燥无味，海量的高重复率知识点使学生在刚接触理论知识的时候，就对课程和自己丧失了自信，知识点重复率高，学生不愿主动研究，时间一长导致丢失的理念越来越多，难度系数越来越大，就更不愿去研究学习，导致传统教学刻板印象的恶性循环。

（二）劳动意识和动手能力培养缺失

现在各大院校中有许多课程都只是书本上的教学，为了学习而学习，把课堂上的效率比作一个题库，只传授大部分概念理论知识，没有实验课程和结合理论知识的实训操作，

没有可利用资源做基础，使得学生的实践能力较差，学生的能动性大大减弱，降低学生对知识概念的吸收和应用，没有了课堂实验演示，缺少学生的自我动手和思考，创新能力微乎其微。

（三）课程体系、激励性评价机制不完善

目前，多数高职院校未将劳动教育作为人才培养方案体系的组成部分，没有探索出劳动教育与思想教育、专业教育、创新创业教育、实践教学相结合的路径，也未构建出劳动思想教育、劳动知识技能与劳动实习实训的劳动教育体系。

（四）劳动教育课程育人价值缺失

当前高职院校的劳动教育主要包括两部分，即实训、实习，但并未设置专业性的劳动性课程，课程缺位现象明显，在某种程度上被院校所忽视，劳动教育的重视度不高，常常喊口号，实际性的行动少，甚至没有，故劳动教育并不完整。这种情况直接制约了以劳树德、以劳增智、以劳强体等为基础原则的劳动教育课程的育人价值发挥，难以实现最优化的立德树人任务。劳动中独有的育人价值在某种基础上压根不被人所在意，劳动教育常常被忽视和弱化，此时，将劳动教育的育人价值充分发挥出来，积极引导高职院校的学生树立正确的价值观以及劳动观，增强对社会主义劳动者的情感，积极报效国家和报效社会。

二、劳动教育主题鲜明课堂教学平台的搭建

（一）劳动教育融入课程体系、教学质量评价体系

基于高职院校长期的发展历史和学科专业特色，我们应以培养"政治素质过硬、劳动情怀深厚、专业功底扎实、实践能力突出"的"德、智、体、美、劳全面发展的高素质应用型人才"作为人才培养目标，要求各专业结合各自专业特点予以落实，将劳动教育作为重要内容落实到人才培养全过程，对专业培养目标、企业要求做出精准的定位，以培养目标和企业要求为导向反向设计课程体系。

高职院校应将劳动教育纳入教学质量评价体系中，在学生评教、督导评教、管理人员评教中增加劳动教育评价指标，引导教师在专业课程中融入劳动教育，开展劳动教育质量监测，强化反馈和指导。

（二）劳动教育融入专业课程

在人才培养方案的修订中，要求各专业将劳动教育作为人才培养体系的组成部分，组织教师深入挖掘专业课程中的劳育元素、专业劳动精神，研究专业劳动伦理、专业劳动素质，搭建专业实践平台，强化专业技能训练，将劳动教育有机融入专业教育中，探索构建

有益于深化劳动教育的课程体系。

（三）劳动教育融入实习实践课程

实习、实训就是要结合各个专业的特点开展有针对性的实习和训练。在实习、实训的过程中，高职生逐步掌握新知识、新工艺、新技术和新方法，具备创造性地解决实际问题的能力，积累职业经验，提升就业、创业能力。生产实训基地要结合专业课程开展的教学实践活动，也是产学研合作的重要平台。高职院校发挥专业优势与企事业单位、地方政府合作创新社会实践形式，建立高职生创新创业孵化基地，把最新的科研成果转化为现实的生产力，通过实践增强科研的针对性与时效性，使高职生提高创新劳动思维和实践能力。专业服务能够培养高职生的奉献精神，在奉献的过程中感受服务社会和他人的幸福和快乐，理解劳动的真谛。生产劳动教育培养高职生将所学专业理论知识应用到生产领域，有助于提高高职生在生产活动中创造性地解决问题的能力。一些高职院校的应用型专业具有很强的现实性，在与地方和企业的共建过程中能够把所学的专业运用到实际工作过程中，从而体现了培养专业精神和敬业态度。高职院校应与社会各方搭建劳动实践平台，创造实践教育的环境和途径。此外，学校还可以通过有规模、有秩序的勤工助学，让学生从日常的劳动做起，培养劳动意识，养成良好的劳动习惯。同时，对于一部分家庭困难的学生，勤工助学还能解决生活费用问题。

（四）劳动教育融入创新创业课程

鼓励学生学习创新理念，将劳动教育作为提高学生创造性手段之一。因此，教师可以通过一些专项培训来提升自己的专业创造力，以学生为教学主体，在学习中进步，在竞争中成长，在改造和建设实验资源环境的过程中，让学生参与进行设计和改革，提出观点和意见，这样不仅减少了设计规划理念的灵感需求，也培养了学生的自我思维能力和创新精神。在课堂上，鼓励学生积极参加课程的同时，要帮助学生创造一种自我学习的方式，这样学生才能更容易、更深入地了解知识的真相。在课程结束时，教师应该更有启发性，总结学生思维发挥的效用，使其有效促进学生创新思考。

巧妙鼓励学生，建立劳动教育的人格自信，每个学生在学习上都有自己的自尊心，但每个学生的强度不一样，这需要老师在平常测验和学习状态中观察每一位学生，采用一人一制的方法，分级管理，在减少压力的同时，也增加学生的自信，总而言之，我们在实际教学中要运用一些比较有效的方法，培养学生的劳动思维能力、设计能力、探究能力和综合提升能力。学生素质是进一步实施素质教育、实施新课程的关键。改革课程的需要也是社会全面发展的需要。基础教育成功的作用是有利于创新意识和创新思维的形成。

培养劳动教育是培养创新能力的主体，创新能力是建立在优秀的基础知识体系之上的。那么，高职院校必须要具有有效培养学生创新的能力，通过多样化的教学方法，来全面提高学生的素质。提高对学习效率的要求，使学生更稳定地学习基础理论知识。只有通过协调才能完成创作，引导新力量教学，强化基础知识教学，真正提高学习效果。

第二节　创建多样性的社会实践平台

要在学生中弘扬劳动精神，教育引导学生崇尚劳动、尊重劳动，懂得劳动最光荣、劳动最崇高、劳动最伟大、劳动最美丽的道理，长大后能够辛勤劳动、诚实劳动、创造性劳动。全社会都应该尊敬劳动模范、弘扬劳模精神，让诚实劳动、勤勉工作蔚然成风。

在新形势下，各级各类学校将培养德智体美劳全面发展的社会主义建设者和接班人作为根本任务，努力构建德智体美劳全面培养的教育体系。志愿服务属于服务性劳动的范畴，是构成劳动教育实践活动的重要类型之一，已经成为各级各类学校尤其是高职院校关注和研究的焦点，并提出了许多有关强化志愿服务促进劳动教育的新观点、新举措。

一、志愿服务是高职院校实施劳动教育的重要实践活动平台

（一）志愿服务就是劳动

何谓志愿服务？是指志愿者、志愿服务组织和其他组织自愿、无偿向社会或者他人提供的公益服务。而服务就是指履行职务，为他人做事，并使他人从中受益的一种有偿或无偿的活动，不以实物形式而以提供劳动的形式满足他人某种特殊需要。所以说，志愿服务就是劳动。

志愿服务是一种独特的劳动教育实践活动形态，广大志愿者在参与志愿服务的过程中弘扬和践行社会主义核心价值观，弘扬奉献、友爱、互助、进步的志愿精神，得到了习近平总书记的高度赞誉。习近平总书记的回信也为今后进一步做好志愿服务工作指明了前进的方向。高职院校开展劳动教育就必须利用好志愿服务这个重要载体，切实把志愿服务工作抓紧抓实抓好，为劳动教育搭建实践活动平台。

（二）志愿服务是劳动教育实践活动的重要组成部分

教育部指出，鼓励职业院校联合中小学开展劳动和职业启蒙教育，将学生参加劳动实践内容纳入中小学相关课程和学生综合素质评价。因地制宜组织开展家务劳动、校园劳动、校外劳动、志愿服务等形式多样的劳动实践活动。根据不同学龄的学生特点，基础教育、中等教育、高等教育等各级学校在组织开展劳动教育的过程中，对学生劳动教育的目标、教育内容、教育方法、实践活动组织形式是不完全相同的。同时，普通教育、职业教育、特殊教育等各类学校的劳动教育也具有鲜明的个性特征。各级各类学校在劳动教育上

既要做到上下衔接、相互贯通，又要体现特色、突出重点。从学校劳动教育实践活动的分类来看，劳动教育实践活动分为生产性劳动和非生产性劳动，而非生产性劳动又有日常生活劳动和服务性劳动之区分。公益劳动、志愿服务是服务性劳动的重要形式，是学校劳动教育实践活动的重要组成部分。就高职院校而言，组织开展劳动教育实践活动既要关注学生参与简单体力劳动，更要关注学生参加探究性、创造性劳动和社会服务性劳动。而志愿服务尤其是专业性志愿服务往往是专业性劳动和服务性劳动的有机结合体。服务性劳动教育注重利用知识、技能、工具、设备等为他人和社会提供服务，特别是在公益劳动、志愿服务中强化社会责任，培养良好的社会公德。

二、以专业化志愿服务推进高职院校劳动教育

（一）当前高职院校开展劳动教育中存在的问题

1. 劳动教育体系建设进展缓慢，理论教育缺失

不少高职院校（如农业、工业等专门类职业院校）历来重视劳动教育，有着开展劳动教育的优势和传统，已经走在了学校劳动教育的前列。但对绝大多数高职院校，目前对劳动教育的研究和实践均处于起步阶段。有些学校为了应时应景，匆匆开出了劳动教育课程，但对于课程学分怎么定、理论教育内容讲什么、实践活动训什么、怎么评价等，均缺少科学的研究，距形成劳动教育体系相差甚远。有些学校在劳动教育上做表面文章，或者以强调挤不出学时为由用课外活动顶替劳动教育课，或者放弃劳动理论教育直接用劳动实践课顶替劳动教育课，等等。

2. 劳动教育的理论和实践脱节，实践平台欠缺

一些学校在劳动教育理论与实践相结合方面做得还不够，学校尚未建立必要的劳动教育保障体系，劳动教育师资数量不足、素质不高，学生缺乏应有的劳动教育实践训练和体验的场所。不少学校将校园保洁、教室和实验实训室打扫等简单劳动都承包给了物业管理机构来完成，学生在校内很难寻觅到劳动的机会。对于一些适合学生劳动实践的实训工场、实验农场，大都以安全为由让学生成为了观众。对于校外社会实践基地、志愿服务基地的建设力度不够，或由于缺少一定的经费保障和组织保障，往往会因为交通问题、管理问题的影响，使得基地建设难以固定、实践活动开展难以久远。

3. 志愿服务与劳动教育结合的针对性不强

长期以来，许多高职院校学生志愿服务大多是以参加社会公益活动的方式呈现的，而这种类型的社会公益活动（诸如：社区或公共场所卫生大扫除、孤寡老人上门探访、交通秩序协管、大型活动服务等等）一般来讲具有服务对象稳定性差、志愿者专业性弱和替代性强的特征。学生参加这种类型的志愿服务，可以在培养劳动意识、劳动态度等方面有一

定的帮助，但在促进掌握劳动知识、提升劳动技能、培养精益求精的工匠精神等方面所产生的作用是不足的，对实现劳动教育目标的达成度是有限的。

（二）以专业化志愿服务打造高职院校劳动教育实践平台，提升劳动教育的有效性

1. 打造专业化志愿服务劳动教育实践平台的基本思路与工作机制

打造专业化志愿服务劳动教育实践平台的基本思路：一是以社会普遍关注的民生领域的有关组织、团体和个人为主要对象提供公益服务；二是以学生专业社团为基本依托，在其成员中遴选志愿者；三是以专业指导教师和志愿服务组织为志愿服务提供能力保障和组织保障；四是以服务满意度测评为主要内容建立考核评价、反馈与改进工作机制。专业化志愿服务劳动教育实践平台的工作机制可概括为"4化4定4落实"模式："4化"是指：需求选择菜单化、服务项目专业化、组织管理专门化、指导力量专职化；"4定"是指：服务对象相对固定、服务人员相对固定、服务内容相对固定、服务标准相对固定；"4落实"是指：行前教育落实、行前培训落实、服务质量监管落实、事后总结反思落实。

2. 以专业化志愿服务劳动教育实践促进五育并举，实现全面育人

基于"4化4定4落实"模式运行的专业化志愿服务劳动教育实践平台，可以最大限度地促进五育并举，实现全面育人的初衷与目标。

一是让志愿者在专业化志愿服务中树德。专业化志愿服务可以挖掘诸多德育元素，为树德提供丰富的教育资源。通过广泛接触了解社会，可以充分感知我国所取得的伟大成就；感知在党的领导下全国各族人民以自己的勤劳智慧和辛勤劳动所取得的丰硕成果；感知中国共产党人一心一意为中国人民谋幸福、为中华民族谋复兴的使命担当。通过为人民群众悉心服务，建立起与人民群众的感情，让自己充满爱心与真情。通过团队协作，让自己增强集体主义观念，等等。

二是让志愿者在专业化志愿服务中增智。专业的服务需要专业的知识和技能，专业的服务可以促进志愿者不断学习，增长专业知识、训练专业技能，在服务劳动中培养热爱劳动的职业意识和精益求精的职业精神，在服务劳动中激发学生探求真理的热情与能力，为今后依托专业从事专业岗位劳动积累经验、打好基础。

三是让志愿者在专业化志愿服务中强体。健康的身体包括健全的体魄和健康的心理，志愿服务可以促进健康身心的养成。专业化的志愿服务是依据科学技术和遵循科学规律的服务，专业化劳动可以促使身体各组成器官的协调运动。专业化志愿服务的过程是一种社会化的过程，需要与人进行有效沟通。专业化的志愿服务可能会面临一些意外情况，会锻炼自己养成面对困难的勇气，健全自己的心智。

四是让志愿者在专业化志愿服务中育美。在专业化志愿服务过程中，志愿者通过劳动使自己作为人的本质特征得以全部展示，在劳动中呈现自己美的言行、美的作品，从他人

身上获得美的体验，使自身的审美能力、道德判断能力、鉴赏能力等得到提升。

三、宁波卫生职业技术学院的实践探索

（一）实践探索

1. 以专业化志愿服务打造劳动教育实践平台的典型案例——"宁卫号"健康专列志愿服务项目

宁波卫生职业技术学院长期致力于志愿服务平台建设，多年来已经形成了非专业化志愿服务与专业化志愿服务并存的志愿服务格局，近年来尤其关注专业化志愿服务与劳动教育的有机融合。

作为浙江省唯一独立设置的卫生健康类高职院校，学校紧紧围绕"卫生健康双领域服务"办学定位，秉承"仁爱、健康"的校训精神，大力培育"敬佑生命、救死扶伤、甘于奉献、大爱无疆"的卫生与健康工作者的职业精神，在十余年的高职办学过程中，逐步形成了"以弘扬仁爱传统文化为主线、以培育职业精神为目标、以学生专业社团为依托、以志愿服务活动为载体、以助力'健康中国'建设为宗旨"的"宁卫号"健康专列志愿服务品牌项目。

宁波卫生职业技术学院"宁卫号"健康专列志愿服务项目是在 2012 年初创的"健康家园"专业志愿服务项目基础上更名并发展而来的，"宁卫号"名称的由来源于 2016 年时任全国政协副主席韩启德院士为学校学生社团实践活动的题字。

2012 年 3 月，宁波卫生职业技术学院启动"健康家园"专项社会实践活动。同年"健康家园"八大项目（"长青藤"老年健康计划、"空巢老人"关爱计划、"失能老人"康复计划、"午间 1 小时"青年养生计划、"妈咪宝贝"母婴保健计划、"阳光早餐"计划、"农村流动健康服务驿站"建设、"慈孝超市"老年健康服务站）全部落地。

2013 年—2016 年间，在持续开展 8 项健康服务项目的基础上，学校通过进一步调动专业教师力量，依托校友志愿者联盟和专业学生社团，新开设健康服务项目 9 项（守护花季的 Ta——青少年防性侵教育推广项目、筑爱芯房——乳腺癌早期预防教育项目、暮年阳光——AD 症认知及 AD 老人照护人员能力提升项目、彼岸天使——临终文化促进项目、益起来——交互式社区健康沙龙、舌尖上的安全——食品安全科普教育项目、春泥·我把微笑带给你——关爱农村留守儿童计划、"结核病、艾滋病"宣教活动项目、鄞州区老年健康专项志愿服务项目）。

2016 年 12 月 5 日，在第 31 个国际志愿者日当天，"健康家园"志愿服务项目正式更名为"宁卫号"健康专列志愿服务活动项目，经优化融合后确定 11 个专业化志愿服务子项目（"青春健康行动""爱撒无声行动""阳光助残行动""守护生命行动""无偿献血

行动""生命关怀行动""心灵使者行动""安宁疗护行动""情牵暮年行动""美丽天使行动"和"生命绿芽行动")。

2. "宁卫号"健康专列志愿服务活动项目与劳动教育的深度融入

按照"4化4定4落实"工作模式，着力推进"宁卫号"健康专列志愿服务活动项目与劳动教育的深度融入。根据"4化"要求，学校主要面向健康服务领域确定专业化志愿服务项目，提供11个服务项目进行菜单化选择，确定由校团委或项目归口分院团总支进行专门化管理，每一个项目若干名专业教师进行专职化指导。根据"4定"要求，依据服务团队与服务对象的专业对应关系，由一个专业团队对应若干个相对固定的服务对象，确定相对固定的服务标准和服务内容。根据"4落实"要求，依托校团委、指导老师、专业社团组织和入驻学校的宁波市志愿者学院等重点落实各环节的专业服务要求和劳动教育要求。从劳动教育角度，在行前教育中落实好服务劳动中行为规范、劳动纪律、劳动态度等方面的要求；在行前培训中落实好服务劳动的知识储备、技术标准、沟通技巧等方面的要求；在服务质量监管中落实好服务态度评价、服务质量评价方面的要求；在事后落实好总结反思，分析服务劳动中的成败得失、成因后果，查找在服务劳动中的态度、知识、技能、沟通等方面的缺失，明确努力方向，提出整改举措等。

（二）实施成效

"宁卫号"健康专列志愿服务项目自开展活动以来，累计组织志愿服务2900场次，参加志愿服务5万人次，直接受益群众30万人次，赢得了受众群体和社会的广泛好评，产生了良好的示范效应。项目先后接受了中国青年报、中国教育报等10余家媒体的采访，累计有100余篇报道见报。"宁卫号"健康专列志愿服务项目聚焦健康服务，接近人民群众与老百姓生活，有广泛的社会需求与发展潜力，在全体项目人的共同努力下，项目本身也取得了不少荣誉：如学校被评为"浙江省红十字奉献服务奖"，"爱撒无声"言语康复志愿服务项目获得第三届中国青年志愿服务项目大赛银奖，"爱心天使生命关怀"志愿服务项目获得浙江省青年社会组织志愿服务项目大赛优秀项目奖，"爱撒无声"志愿服务队获得浙江省优秀志愿服务集体，"孝心助老"志愿服务队获得了"宁波市志愿服务20周年突出贡献奖"，一大批志愿者在活动中增知识、长才干，充分发挥专业特长，积极参加创新创业实践，成绩显著。

春风化雨，润物无声。在志愿服务过程中，广高职生脚踏实地，坚持知行合一，在服务社会与群众中，体验与塑造仁爱精神、培育医心仁术，强化劳动体验，涌现出了一批"最美宁卫院学子"。一大批参加过志愿服务工作的毕业生因兼具良好的职业精神和过硬的专业知识与技能深受用人单位的喜爱和好评。

第三章 进行三大任务

第一节 劳动意识教育

劳动意识是一种以正面积极的态度，践行劳动精神对劳动主体所要求的责任与义务，认识劳动所产生的社会价值、个人价值、经济价值，包含着热爱劳动、诚实劳动、爱岗敬业、甘于奉献等精神品质。培育高职生正确的劳动意识，对教育本身、学生个人、区域经济发展都具有重要的推动作用，有助于促进高等教育内涵式发展，帮助高职生树立正确劳动观，更快更好地推进区域经济高质量发展。新时代背景下，部分青年高职生出现了劳动意识薄弱、劳动意识异化等现象，具体表现为不想劳动、劳动排序、劳动认知错误等现象。为此，如何引导高职生树立正确的劳动价值观，增强高职生劳动意识培育效果，具有重要的现实意义和重大战略意义。

一、新时代高职生劳动意识的现状分析

（一）高职生劳动意识基本正确

我国教育体系一贯重视劳动教育育人的功能，打造出了一系列具有地域特色的劳动教育理论课程与实践教学体系。如高职生劳动教育通识课程、高职院校春季植物护绿活动、社区志愿者社会实践活动，使得劳动意识深深地植根于每个高职生心中。在这样的教育环境下，我国高职生对劳动的看法与态度基本正确，具体表现为对劳动精神、劳模精神等相关精神持以敬佩、拥护、支持、认可的态度，对诸如宿舍管理员、食堂服务人员、快递人员、医务工作者等劳动者持以尊敬、赞美、祝愿等态度。能够主动参与宿舍劳动、班级劳动、家庭劳动、社会劳动等多种劳动活动，且通过生活中的小事践行辛勤劳动、诚实劳动，且对于劳动目的、价值、意义有着清晰与积极的理解。

（二）高职生劳动意识的部分问题

新时代背景下，网络技术全面重塑劳动场景，以网络劳动的新劳动时代就此来临，其劳动内容不再局限于传统的体力劳动内容，脑力劳动逐渐成为社会劳动内容的主流；此

外，苦、难、差等词汇也不再是描绘劳动形式的代表名词，安逸、舒适、稳定等名词成为新时代劳动形式的表现特征。在这样的时代背景下，高职生劳动意识存在着部分问题，具体表征为劳动价值的认知差异、劳动选择趋向于安稳、劳动思想中的不平等观念。从劳动价值的认知差异而言，部分高职生将劳动与致富单一联系，认为劳动的目的只是更好地实现自身经济利益，忽视了劳动的体育价值、文化价值、社会价值，难以绕过金钱财富的表面，去理解劳动对于班集体、社会、区域发展的助力作用，且对于为什么要劳动、劳动的价值是什么等问题一知半解；从劳动选择的安稳化而言，在后疫情时代背景下，高职生去企业工作的意愿逐渐降低，主要的劳动选择逐渐由过去的突破求新演变为如今的安定求稳，考公考编似乎成为高职生就业创业的唯一选择。"找不到工作就回家当老师、考公务员、考事业编"口号在高职生群体中越来越响，求稳成为当代高职生劳动的主旋律。从劳动思想的不平等观念而言，部分高职生心中对劳动进行了等级排序，认为体制劳动大于一切劳动，脑力劳动大于体力劳动，认为体力劳动不光彩、没面子、社会地位低，不愿意去工厂、基层进行劳动，趋向于来钱快、体面的互联网行业。

二、新时代高职生劳动意识培育的影响因素与逻辑理路

（一）宁夏高职生劳动意识培育的机遇优势

首先，时代背景为宁夏高职生劳动意识提供了社会文化优势。在新的时代背景下，全社会形成了以热爱劳动、辛勤劳动为荣的社会文化氛围，弘扬劳动精神的影视作品、文学作品、美术作品竞相涌现，奏响了追梦的劳动旋律，这便为高职生劳动意识培育提供了优沃的社会劳动文化土壤；其次，教育政策为宁夏高职生劳动意识提供了政策优势。近些年以来，我国教育部对劳动教育的重视程度日益加深，印发了诸如《关于全面加强新时代大中学劳动教育的意见》《大中小学劳动教育指导纲要》等文件，这就为宁夏高职生劳动意识培育提供了政策支持与行动指导。最后，科学技术为宁夏高职生劳动意识提供了技术优势。数字技术改变教育形态。网络直播、短视频、多媒体技术、数字技术的快速发展，为宁夏高职生劳动意识培育形式与内容创新提供了技术依托，借助各种科学技术有助于打造更多趣味性与时代性的高职生劳动意识培育内容，开发更多新颖形式的高职生劳动意识培育渠道。

（二）宁夏高职生劳动意识培育的困境制约

从高职生劳动意识教育角度来分析，宁夏高职生劳动意识培育困境主要体现于思想引领、阵地引领、行动引领、组织引领以及创新引领五个层面。在思想引领上，宁夏高职院校对高职生劳动意识培育的重视程度较低，人才培养工作多围绕学生的就业能力，对于高职生劳动意识培育的价值、作用、实践方式不能够全面地理解与认识，无法发挥高职院校

在高职生劳动意识培育过程中的引领作用。从阵地引领来看，当前宁夏地区开展高职生劳动意识培育课程的高职院校相对较少，即使部分高职院校已经开展高职生劳动意识课程，也往往存在教学体系不完善、区域特色不足等情况，致使高职生劳动意识课程不太令人满意；从行动引领来看，宁夏地区高职院校的高职生劳动教育实践活动与类型相对不足，往往以宿舍卫生劳动、社区志愿者劳动等为主，对于校企合作劳动、线上劳动等具有时代特征的劳动实践活动尚未进行充分开发；从组织引领来看，现阶段宁夏地区高职院校围绕高职生劳动意识培育的组织架构建设、保障与规范制度建设水平相对较低，容易导致对高职生劳动意识的培育出现混乱、不规范、不安全等现象。从创新引领来看，宁夏地区高职院校高职生劳动意识培育的方式较为固定、单一，仍旧延续着以黑板、辅导员主题班会等形式为主的培育模式，对于数字技术展示、多媒体传播、新媒体传播等创新形式运用较少。

（三）宁夏高职生劳动意识培育的条件背景

劳动是一切幸福的源泉，也是推动社会进步的根本力量，培养宁夏地区高职生劳动意识，对于促进个人全面发展、促进区域经济发展、响应时代人才需要具有重要价值。从个人层面而言，人的全面发展期待劳动意识，培养高职生劳动意识能够让高职生继承我国传统文化中以拼搏奋斗精神为核心的劳动观，摒弃资本主义唯利是图、劳动功利化的狭隘观念，克服劳动异化，坚定理想信念、锻炼行动力、增强体质，帮助高职生在人生道路上释放人的能动属性，打通学校与社会的隔离，确立劳动是实现美好生活的劳动观价值取向。从区域经济层面而言，区域发展需要广大劳动者的砥砺奋进，培育宁夏高职生劳动意识，能够让劳动精神在宁夏地区蔚然成风，充分释放宁夏高职生的创造能力，使其树立正确的就业创业观，脚踏实地、真抓实干地投身于宁夏地区区域现代化建设。从时代人才发展层面而言，时代使命呼唤劳动意识，劳动意识是新时代高质量人才成才与成人的重要支点，高职生是时代的未来与希望，对高职生展开劳动意识培育，能够强化高职生的改革创新与艰苦奋斗品质，促使其在新时代背景中展现勇攀高峰、锐意进取的时代担当。

（四）新时代高职生劳动意识培育的逻辑思路

为了确保高职生劳动意识培育不变味、不跑偏、不落空，促使高职生劳动意识培育具有实效性、亲和力。结合新时代高职生劳动意识教育的困境制约，应坚持脑体并用、系统设计、多维融合、创新发展的原则，促使高职生劳动意识培育回归理性。一方面，要坚持脑体并用、系统设计的原则。充分发挥思政课程在高职生劳动意识培养中的引领作用，打造完备的高职生劳动意识教育体系，建立基于高职生劳动意识培育的组织机构与制度体系，来做好高职生劳动意识培育思想、组织与阵地引领。另一方面，要坚持多维融合、创新发展的原则。汇集社会多方力量，丰富劳动意识培育中实践活动形式，打造学校、家庭、社会多元融合的劳动教育实践体系，做好高职生劳动意识培育行动引领；也要结合新时代教育技术与劳动特征，推动高职生劳动意识培育产品的创新发展，让高职生劳动意识培育内容以新媒体、短视频、网络直播、美术作品、影视作品等新形式呈现，做好高职生劳动意识培育创新引领。

三、高职生劳动意识培育路径

（一）加强高职生思想教育

从某种角度而言，高职生劳动意识薄弱、异化等现象，与思想教育、校园文化的缺位息息相关。因此，要加强高职生劳动文化思想建设。一方面，要加强以劳动意识培育为导向的思想课程建设。加强高职院校思政教师在高职生劳动意识培育方面的学习活动，让思想教育课程之上呈现劳动的科学内涵、精神实质、时代价值等理论内容，并鼓励课程劳动教育，让高职生在学习专业知识的同时养成劳动思想。此外，也要打造大国工匠精神，宣传主题课等特色课程，促使学生养成正确健康的劳动价值观。另一方面，要加强以劳动意识培育为导向的校园文化环境建设。高职院校内部要加强劳动意识主题的校园环境建设，以线上与线下双重渠道展开，打造以劳动文化为主题的校园景观、校园文创产品、校园文艺表演节目、校园讲座活动，发挥劳动榜样示范作用，让劳动文化可体验感知，形成以劳动精神为核心的校园文化。比如，可建立以劳动文化为主题的微信公众号，为高职生推送劳动精神理论知识、劳动技能小常识、劳动模范人物事迹等多方面内容，让高职生从多方面理解劳动意识的价值与功能。

（二）全面构建体现时代特征的劳动意识教育体系

推进高职生劳动教育进课程，是提升高职生劳动教育培育效果的重要途径，也是新时代劳动教育开展的内在需求。因此，应当构建具有时代特征与区域特色的劳动意识教育体系，为高职生劳动意识培育提供阵地保障。从指导思想、实现目标、基本原则、实施方式汲取灵感，并结合区域经济产业、文化产业、乡村建设等基本情况，汲取部分优秀高职院校在高职生劳动意识培育方面的实践经验，确立以马克思主义劳动观为指导思想，以帮助高职生形成正确劳动价值观为实现目标，以课程载体、全面发展、综合实施为原则，集合理论教学、实践教学、教学评价为一体的劳动意识教育体系。比如说，可将劳动意识教育体系分为理论学习与劳动实践两个模块，其中理论模块主要负责帮助高职生正确认知新时代背景下劳动的新特征新内涵新形式，并加入劳动法律、劳动安全等技能性知识，而实践劳动可依据劳动场景不同分为社会公益性劳动、家庭劳动、宿舍劳动、校园劳动等，让高职生成为勤俭、创新的劳动者。除此以外，也要积极与区域内非遗文化、手工艺、区域产业、民间故事等相联系，展现新时代高职生劳动意识培育的新样态。

（三）广泛开展各种形式的劳动意识教育实践活动

实践性是劳动的主要特征，劳动教育重在行动。只有让高职生深入劳动实践、体验劳动实践，观察、融入劳动者的生活状态，才能让高职生充分意识到劳动精神并不是空头口号。因此，要开展多种形式的劳动意识教育活动，促使劳动意识入心入行。一方面，要开展形式多样的线下劳动实践活动。围绕日常生活、服务型、专业生产型为劳动意识教育活动，打造多元开放的实践场所，将农村地区、城镇地区部分社会机构、学校内部公共空间纳入劳动实践基地，打造诸如校园种植活动、社区志愿者服务活动、交通指挥志愿者服务活动、迎新生主题教育活动、农作物实践、职业技能展示大赛、非遗文化劳动实践、亲情作业等活动。让学生担任校园保安、食堂阿姨、社区志愿者等劳动者角色，品尝到自己劳动的成果，充分发挥劳动育人的功能。另一方面，要开展形式多样的线上劳动实践活动。高职院校应加强与社会企业、乡村基层等的合作力度，打造一些围绕区域经济发展、个人就业能力提升等方面的线上劳动内容，让高职生提升专业劳动技能，并运用劳动精神服务社会、报效祖国。

（四）加强高职生劳动意识教育的组织实施

高职生劳动意识培育是一项讲究组织性与协调性的教育工程，需要一套科学完善的劳动教育组织架构，来确保高职生劳动意识培育有保障、有计划、有目的地进行。一方面，要加强高职生劳动意识培育的组织架构。可建立由地方政府为引导者、由地方高职院校为实施者、由社会力量为配合者的宏观组织体系，建立由高职院校高职生劳动意识教育管理部门为主导、由大学劳动意识教师为主体、由高职生劳动社团为客体的劳动教育组织体系，确保高职生劳动意识培育的课程建设、资源整合有条不紊地实施。另一方面，要加强高职生劳动意识培育的制度建设。依据高职生劳动意识培育的主体任务与现实问题，打造安全高效的管理保障体系，对高职生劳动意识培育各主体进行责任制管理，制定具体详细的高职生劳动意识培育任务目标、激励机制、规范机制，如为学生购买保险的保障体系，将劳动教育纳入督导内容的监管机制等，来确保高职生劳动意识培育不跑偏、不跑歪，沿着正确的路线持续进行。

（五）创新高职生劳动意识培育手段

在互联网技术发展的背景下，没有互联网技术支撑的高职生劳动意识培育是相对过时的，不易被当前高职生所认可与接受。因此，在高职生劳动意识培育过程中，要突出大数据、人工智能、媒体技术等科学技术的运用，打造数字技术形态的高职生劳动意识培育路径。一方面，要以科学技术充实高职生劳动意识培育内容。应用新媒体网络平台，对新鲜的、具有话题性的劳动新闻内容进行再加工，并运用诙谐、幽默的形式进行展现，推进新时代劳动文化创新；同时也要加强高职生劳动意识培养内容与人工智能、AI 等数字技术的融入，打造高职生劳动意识培育智慧体验馆、高职生劳动意识培育文创作品等。比如说，加强劳动美学的创造性转化，让高职生劳动意识培育不只以实践活动、理论课程呈现，同时也以劳动美术作品、劳动主题短视频、劳动主题漫画等形式呈现，提升劳动意识培育的美学程度。另一方面，要以科学技术拓展高职生劳动意识培育传播路径。既要立足于学校自身的传统媒体，如校园宣传栏、校园书刊、电子大屏幕，也要拓展新的传播阵地，打造以高职生劳动意识培育为导向的微信公众号、微博、短视频平台、网络直播平台、今日头条等。让劳动意识培育内容渗透于高职生日常娱乐休闲中，促使劳动意识培育更加接地气。比如说，可以选派学校优秀劳动意识培育教师入驻网络直播平台，打造劳动意识培育小课程，并以家常话、接地气的网络语言与内容进行展示，用短视频、网络直播去拨动高职生劳动意识的心弦。

宁夏高职生劳动意识培育，是响应新时代劳动教育要求的主动作为，也是提升宁夏高职生综合素质的创新路径，有助于帮助宁夏高职生树立正确的劳动价值观，为宁夏区域经济发展提供坚实的人才支撑。在新的时代背景下，时代背景、教育政策以及科学技术，为高职生劳动意识培育提供了社会文化优势、政策优势以及技术优势，从多个方面为其高质量发展保驾护航。因此，应当做好宁夏高职生劳动意识培育过程中的思想引领、阵地引领、行动引领、组织引领、创新引领工作，培养具有高超劳动技能与素质的新时代人才。

第二节　劳动技能培训

高职院校作为人才培养的主阵地，面对当前劳动教育的"片面化、边缘化"现象，必须给予高度重视。劳动技能教育作为高职院校劳动教育的重要组成部分，对促进学生全面发展、培养高素质劳动者和社会主义接班人具有重要现实意义。提升高职院校高职生的劳动技能素养，必须要正确理解劳动技能教育的内涵意蕴，结合学生特点和专业特色，探究符合学生实际的行动策略，真正发挥劳动技能教育的综合育人功能。

一、新时代高职院校劳动教育技能素养的内涵与特征

（一）高职院校劳动教育技能素养的内涵

新时代高职院校劳动教育，主要指高职院校以培养学生良好品行、练就过硬本领、促进其全面发展为目的，对高职生劳动价值观、劳动习惯、劳动精神、劳动技能、劳动法律法规等理论与实践方面进行有组织、有计划的教育活动。而劳动教育的技能素养则指劳动

技能教育过程中，劳动者对劳动知识、劳动技能的掌握与熟练程度及从事劳动教育所必须具备的体能和智力发展情况。

劳动技能教育是提升高职院校高职生劳动技能素养的关键，其实现的渠道主要有理论学习和社会实践。理论学习是劳动课教师利用课堂为学生深入浅出地讲解劳动基础知识，运用劳动教育的相关理论及方法，引导学生自主学习劳动常识，逐步提高专业素养的学习；社会实践是根据学生的专业特点，组织相关的教学实验、实习见习、毕业设计，或勤工助学、志愿服务、社会公益、社会生产及其他形式的实践活动（如家教、兼职）。

（二）高职院校劳动教育技能素养的特征

首先是主体性。一方面，高职院校劳动技能教育的受众是在校高职生，即参加劳动技能教育的主体是学生本人，高职生经过中小学及当前教育的积累，已具备较成熟的世界观、人生观和价值观，劳动技能教育则顺应了高职生知识储备丰富而实践锻炼缺乏的现实情况，为提升学生的社会实践能力及综合劳动素质，实现全面发展提供了可能；另一方面，高职院校高职生具有劳动技能提升的自我意识性。学生的劳动意识是影响其综合劳动素质的重要因素。具有较强劳动意识的学生会更加关注自己的知识储备和技能锤炼。一旦拥有高度的技能提升意识，就能正确衡量自己目前所掌握的技能水平，并根据自己的发展需要制订有效的提升计划，选择实施途径，及时调整策略等。

其次是实践性。高职院校劳动教育的技能素养具有与中小学劳动技能素养不同的特点，相比之下，高职院校劳动教育技能素养更强调体验性和实践性。学生劳动技能素养的提升除了课堂理论学习外，还有课程设计、教学实验、专业实习、毕业设计、生产见习、勤工助学、志愿服务、社会公益劳动等形式多样的社会实践活动。这些活动打破了传统劳动教育的单一性和机械性，更加注重学生的参与体验性、社会实践性。

最后是专业技术性。技术性是高职院校劳动技能教育及学生技能素养的重要特点。随着科学技术在生产生活中的广泛应用，尤其是社会生产与人工智能的紧密结合，传统的劳动技能教育已无法适应需求，这对高职院校劳动教育内容提出了新要求。显然，离开技术的劳动教育是没有前途的教育，离开劳动的技术也难有用武之地。因此，在"互联网+"背景下，高职院校劳动技能教育的发展必然要打破传统教育的枷锁，创新教育内容和方式，组织开展一些技术含量较高的复杂劳动，让学生拥有一技之长。

二、新时代高职院校劳动教育技能素养提升的现实困境

（一）劳动技能教育认知不足

首先，劳动教育观念淡薄。在劳动教育过程中，侧重理论学习，轻视技能培养，学生劳动意识和劳动能力欠缺。例如，寝室卫生脏乱差，上课刷手机、睡觉、逃课、考试作

弊，好高骛远、贪图享乐、盲目攀比，厌恶劳动甚至看不起普通劳动者，不懂得珍惜和尊重劳动成果等。

其次，劳动技能教育内涵理解片面化。一是教师将劳动技能教育与劳动教育、劳动实践混淆，不能正确区分彼此的差异，实践操作中缺少对正确劳动价值观的引导和劳动习惯的培养。二是学生对于劳动教育、劳动技能教育的概念较为模糊，对劳动的内涵界定不够清晰，无法正确判断和区分劳动与其他休闲娱乐活动之间的差异。

（二）劳动技能教育供需失衡

高职院校教师及相关人员作为劳动教育的实施者，其教育观念和行为对劳动教育的开展意义深远。在实施过程中，教师作为"供给侧"一方，往往从自身角度出发，将想法强加于学生身上，而在"需求侧"一方的学生现实需要得不到回应，无法从中汲取生活经验、体会劳动的乐趣和价值，具体表现在如下方面：

一是教育内容和形式缺乏时代性。理论知识滞后，很难满足新时代高职院校高职生对劳动教育知识和技能的需求，不能根据学生实际深入挖掘劳动技能教育的时代内涵，无法引起学生共鸣。二是实现途径单一。统一机械的教学活动，无法唤起学生参与的积极性。劳动实践未充分考虑学生的差异性，导致学生参与活动的情感体验感不佳，师生互动不畅，致使彼此呈现出孤立状态。

（三）劳动技能教育管理机制缺失

首先，管理制度不完善。科学、规范的劳动技能教育制度是确保学生劳动技能教育有效开展的前提和保障。当前高职院校劳动技能教育缺乏科学、系统的管理机制，如缺乏专门的组织管理机构对劳动技能教育进行统筹规划，分工不明确、管理不到位、互相推诿，使得劳动技能教育流于形式，未形成综合性、实践性强的劳动教育课程体系，与人才培养方案、专业课程、思政教育、校园文化的融合度较低。另外，师资队伍匮乏。当前高职院校劳动教育教师大都由思政课、德育课教师或行政管理人员兼职担任。

其次，考核评价机制欠缺。一是学校对于劳动技能教育教师的考核机制缺失，如何考核、从哪些方面考核，没有明确的规定。一些学校只是统计教师开课的次数，翻看作业批阅情况，或参照课表和班级人数大致给出评价。二是未将劳动技能教育纳入学生综合素质测评范围，学期考核以成绩评定为主，即教师根据学生的课堂出勤率、作业次数或任务完成情况，象征性打分数，且劳动技能教育作业或实践任务缺乏一定的针对性，未能对学生的劳动习惯培养发挥应有作用。

三、新时代高职院校劳动教育技能素养提升的实践策略

（一）提高劳动技能教育的重视程度

1. 强化劳动技能教育的必要性认识

广泛开展劳动技能教育，是培养高素质劳动技能技术人才、发展现代职业教育的重要举措，是扎实推进立德树人工作、促进学生全面发展的必然要求。因此，高职院校教师必须转变传统的劳动教育观念，充分认识到新时代高职生所面临的现实需求，通过劳动技能教育培养学生的独立生活能力，弘扬"劳动光荣、技能宝贵、创造伟大"的时代风尚，涵养艰苦奋斗、诚实劳动、热爱生活的优秀品质。

当前社会对人才素质的要求日益提高，高职院校学生所面临的就业形势也日趋严峻，如果不重视自身素质的提升将很难适应社会发展的需要。高职生作为高职院校劳动技能教育的主体，必须正确理解劳动技能教育对于自身成长与发展的现实意义。通过劳动技能教育正视自身的问题和不足，在实践中积累经验，增长才干。

2. 加强劳动技能教育的理论架构

高职院校劳动技能教育的发展必须要结合我国的教育现状和具体国情，借鉴国内外劳动教育先进经验和做法，革新教育理念，深化新时代高职院校劳动技能教育的价值内涵、现实意义、发展路径的纵深研究，不断完善劳动技能教育的理论体系，深入推进高职院校劳动技能教育的科学性、系统性发展。

3. 改善劳动技能教育的育人环境

环境对学生的成长至关重要，优质的环境可以激发高职生参与劳动的积极主动性。改善高职院校高职生劳动技能教育环境，需要家庭、学校、社会共同努力。

一是营造热爱劳动的家庭氛围。父母是孩子的第一任老师。高职院校劳动技能教育环境的改善，离不开家庭环境的支持。家长要及时转变劳动教育理念，摒弃大包大揽、重智育轻劳育的错误观念，学会合理分工，以身作则，让孩子在承担一定的劳动任务中端正劳动态度。

二是营造劳动育人的校园氛围。学校是连接家庭和社会的桥梁，也是实施劳动教育的主阵地。要想提升高职院校学生劳动技能素养，学校就要充分发挥教育引导作用，将劳动技能教育与校园文化、专业课程、行动实践、特色活动相结合，积极营造勤于实践、敢于创新的校园风气和劳动光荣的校园氛围。

三是营造劳动光荣的社会氛围。高职院校通过嵌入式人才培养方案，深化校企合作、产教融合，让学生参与专业实习实训，引导学生积极投身技术革新、工艺升级、发明创造。组织学生参加生产服务或社会公益性劳动，参与社区治理等，让学生在力所能及的劳

动锻炼中加强职业体验。

（二）优化劳动技能教育的供给结构

1. 丰富劳动技能教育内容

随着时代的发展，高职生的心理特点不断发生变化，高职院校劳动技能教育的内容也要随之调整和完善。高职院校劳动技能教育，首先，要将学生的日常生活、学习和工作纳入其中，关注学生的兴趣爱好、专业特点，选择适当内容，从而有针对性地开展教育。其次，要将劳动技能教育同涵养学生个性相结合，注重教育的启发性和激励性，引导学生在理论学习和实践锻炼中增强社会责任感和使命感。最后，进一步强化马克思主义劳动观，将劳动安全、劳动法规教育、大国工匠等内容融入劳动技能教育中，提升劳动技能教育的吸引力。

2. 创新教育途径

推动高职院校劳动技能教育发展，高职院校必须要创新教育途径，改进教学方法，学会在继承中发展、在借鉴中吸收、在实践中创新。

首先，优化劳动教育理论课程。一是借助多媒体和网络资源丰富教学内容，加强教学互动，线上线下相结合，增强劳动教育理论课的吸引力。二是在理论教学过程中，注意汲取传统文化中关于劳动技能教育的典型案例，借鉴国内外有关高职院校劳动教育的先进经验，取长补短。或结合本校办学特色编写劳动教育校本教材，提升劳动教育的针对性和实效性。

其次，探索教育实践新路径。将劳动实践与专业课程、学生兴趣、日常生活、校园文化相结合，开展灵活多样的实践活动。例如，针对轨道交通运输专业学生，可以通过清洁轨道器材、操控轨道运营、模拟地铁调度及运营等形式，将交通运营与管理专业课程融入劳动实践，这样学生不仅能在劳动实践中收获知识、提升技能，而且能体验劳动的快乐。另外，学生对学校周边空气和水质监测比较感兴趣，学校可以基于此邀请实训室教师指导学生查阅资料，利用相关设备器材，开展空气的氮氧化物和水中重金属检测，并及时做好跟踪记录。针对少数民族学生的劳动实践，教师可采取劳逸结合、寓教于乐的方式，将民族歌舞、风土民俗等纳入劳动实践，丰富劳动实践的育人内涵。比如，创作红色歌舞剧，以经典演绎重温革命先辈的奋斗热情；组织志愿服务、勤工助学，在自治管理中形成良好的劳动服务理念；利用技能大赛、专业实训、社会实践，为学生劳动锻炼搭建平台，引导学生在职业体验中积累知识、增长才干。

（三）建立劳动技能教育的长效机制

1. 健全管理机制，促进科学发展

第一，完善劳动教育的管理制度。设立专门的院校管理机制，对高职院校劳动教育的

经费投入、实施方案、运行途径进行明确规定，使劳动技能教育有章可循。第二，加强顶层设计。将劳动教育纳入人才培养方案，明确职责，精准定位。根据培养目标、学生特点、专业特色，科学构建劳动教育课程体系。第三，培养高素质教师队伍。引进劳动教育专职教师，为高职院校劳动教育教师队伍输入新鲜血液，加大对劳动教育兼职教师的培训力度，并聘请校外优秀劳动者、大国工匠或高水平专业技术人员为学生讲解劳动知识和技能、分享劳动心得。第四，结合专业设置、劳动形态、产业业态，探索企业劳动实践课程，加强学校各部门、学校与家庭、学校与企业之间的沟通与协作，形成劳动技能教育的育人合力。

2. 完善考核方式，提升育人实效

首先，建立合理的评价体系。将劳动教育纳入学生综合素质考核范围，制定考核内容和评价标准，定期检查劳动技能教育管理实施情况。例如，劳动教育的课程目标、教学计划制订是否完善；教师是否能够结合学生日常表现，对劳动知识、技能的掌握情况，以及劳动习惯和价值观养成情况进行综合评价。

其次，改革评价方式。科学的考核评价机制，有助于提高学生参与劳动的自觉性。比如，劳动教育理论课考核，教师可以采取平时表现加期末考核相结合的方式进行全过程跟踪和指导，期末考核可根据学期所学知识和当前的劳动时事热点选择主题，让学生以论文或研究报告等形式上交作业，教师据此给出相应成绩。劳动实践考核可依据学生的出勤率、劳动表现和劳动质量，以及劳动作品、劳动成果进行评定，并填写劳动教育课成绩评定表，并随理论课成绩一同纳入学生综合素质考核档案，作为评奖、评优、毕业推荐的重要依据。

第三节　劳动体验锻炼

劳动教育要"强化实践体验"，"体验"已成为新时代劳动教育实践推进的关键词。广大学校也在"体验"思想的指导下积极探索各种推进劳动教育有效落地的教育举措。然而，有关诸如"体验"的具体内涵及其之于劳动教育的内在价值等学理性问题并未得到应有的澄清，这就容易导致实践中的种种偏颇。已有学者指出，部分学校将劳动和劳动教育概念简单等同，在很大程度上导致了劳动教育在实践中的教育缺位——学生看似是在劳动，但却没有在其中获得劳动教育意义上的体验。因此，要想充分发挥"体验"在劳动教育实践中的积极作用，就必须在学理上厘清"体验"的劳动教育意涵。基于此，本节将在着力辨析体验概念的基础之上，阐释劳动教育中体验的基本类型及其教育实践路径，以期对当前劳动教育的有效推进有所裨益。

一、体验的劳动教育内涵

科学发挥"体验"在劳动教育实践中的重要作用，就必须深入理解和把握体验的基本内涵，及其之于劳动教育的实际意义。

（一）劳动教育视域中的体验内涵

与"体验"相近的日常概念有"做"和"感受"。由于"体验"中有"体"，所以人们对它的认识首先是从身体力行的角度出发的。换言之，一些教育者认为，让学生体验就应该让他们去做。然而，已有学者指出，体验不仅有"主体在实践上亲身经历某件事并获得相应的认识和情感"的含义，而且包括"主体从心理上对自己或他人的'亲身经历'进行体验"。也就是说，体验不仅仅是"做"。在"体验式学习"的相关研究中，研究者也指出，体验式学习情境不一定需要完全真实。教师可以通过模拟情境，让学生在类似真实世界的情境中学习，也可以采用观察学习，增加学生的替代性体验。这样一来，劳动教育意义上的体验，就未必是"通过劳动产生的体验"，也可以是更为广泛的"关于劳动的体验"——从学习方式来看，既可以是行动的，也可以是认知的。从学习内容来看，既可以来自自身，也可以来自他人。

将体验等同于"感受"则暗示一种被动的状态：劳动对象/事件发出信号，劳动者被动接受。实际上，"体"的名词含义，除了"身体"之外，还指"主体"。朱小蔓认为，"体验是主体把自身当作客体，从而获得关于客体的感性信息的一种感知方式"。也就是说，体验虽然包含感知客体的意涵，但它必须是由主体来发出这种行为。体验是体验者与体验对象建立互动关系的过程。这种互动过程，不只是观察关系、认识关系，也是人反思自身的活动。也就是说，体验过程中，不仅强调主体实施行动，而且重视主体在这一过程中对自身（而不仅仅是互动对象）的反思。这样一来，体验也就不再停留于"感性认识"的层面（虽然注重情绪唤醒、情感认同的确是体验的重要特征），还包括理性思考的层面。事实上，"体验是人对社会生活的整体性参与的结果，人总是以整体的意识和形象进行某种社会行为，这种整体而内在的心理结构就是体验"。人是整体地参与社会生活，这就意味着个体的认知、情感、意志等要素全部投入其中。而且，人参与的社会生活，在具体的时空中也具有整体性。换言之，在一次体验中的全部元素（周遭环境、其他参与者等）皆会作为一个整体与主体进行互动。

综上所述，体验作为一种学习方式，它兼顾行动与认知，且实质指向主体参与；它以情感调动为启动机制，但也需要理性思考作为保障；它以一种整体感知为过程，又以个性生成为结果。"体验"作为一种教育方法，不同于"讲授"等其他常用方法的优势主要在于：它强调学习者的主体参与。让学生被动接受安排、"身在心不在"的活动不能称为"体验"。学生在体验活动中是自我高度卷入的，也正是在这个意义上，研究者认为"体验课程真正实现了课程的个性化"。它的复合效果能够进一步提升活动实效。"在体验式学习中，知识记忆和情绪记忆的共时性和一致性，意味着这两种记忆会被同时编码存储在头脑中，这种双重编码，使得通过体验式学习获得的知识，不仅可以被相关知识所激活，而且可以被相应的情绪记忆所激活，因而使得回忆效果更好"。"体验"对于劳动教育而言具有更为关键的作用。新时代劳动教育的基本理念便是强化劳动观念，弘扬劳动精神。劳动观念的内化、劳动精神的养成很难通过单一的讲授法来实现，尤其需要"体验"这种同时调动知情意行多重要素的活动方式来予以强化。从这个角度来看，"体验"是有别于"练习"的，后者的主要用意在于"熟能生巧、掌握技能"，但前者对技能提升的要求并不高，它更大的价值在于主体参与之后的全面而深刻的领悟。

从以上论述可以看出，劳动教育对"体验"的高度重视，归根结底是为了提升学生的劳动素养。因此，从学生劳动素养形成的角度看，他们在劳动教育当中所获得的体验应该是劳动教育意义上的体验，而不是其他性质的体验类型。这里所说的"劳动教育意义上的体验"有两层含义，首先，这种体验应该是具有教育意义的，即能够对学生劳动素养的发展有积极的正面促进作用。其次，这里所强调的教育意义上的体验应该集中体现在劳动教育目标的达成上而不是其他教育目标的实现。即这种教育意义上的体验应该属于劳动素养而非其他素养（如德智体美）。虽然劳动具有综合育人的功能，当一次体验实现了增智、强体的效果时，我们当然可以认为它在教育上是富有成效的，但却不能在狭义的劳动教育意义上肯定它。一项教育活动区别于其他项教育活动最主要的特征就在于其所要实现的目标的特殊性。劳动教育独特的育人价值应该从其目标着手，也就是说，当我们检查某一项体验是否具有劳动教育意义时，应该采用"它是否提升了学生的劳动素养"这一标准。

（二）劳动教育意义上的体验类别

就现有的劳动教育实践来看，体验存在不同的表现形态。

"真实劳动中的体验"，主要指学生从事真正意义上的劳动所获得的体验。劳动，即创造物质财富和精神财富的活动。学生还未进入社会，还不是真正意义上的劳动者，他们直接从事创造物质财富和精神财富相关活动的机会很少。但这并不意味着教育者不能以真实劳动中的体验作为教育素材。比如，家务劳动就是学生可以真实进入的劳动形态之一。在真实劳动中，学生获得的是对于劳动的直接体验——通过自己的身体力行，认识到劳动的诸多特征（如辛苦、重复），并直接体会到劳动的意义。

正因为学生可以直接进入的真实劳动具有很大程度的稀缺性，"教育性劳动"成为当下许多学校开展劳动教育时的主要手段。它是指那些主要贡献不是"创造物质财富和精神财富"，而是促进学生成长的活动。这些活动以"劳动"为形式，但并不是严格意义上的劳动。通过模拟劳动过程，学生能够了解劳动知识，锻炼劳动能力。可是从体验的角度来看，教育性劳动最大的缺憾在于：它无法让学生直接体验到劳动真实、完整的意义。初中阶段应让学生"获得初步的职业体验，形成初步的生涯规划意识"，高中阶段则需"注重围绕丰富职业体验，开展服务性劳动和生产劳动"。因此，一些学校设计了模拟性的职业体验活动，无论是让学生走出校门，体验一天的快递员，还是在学校中设置警察、清洁工等不同岗位，都是通过让学生具体操作这些职业的典型任务，让学生们产生相应的劳动体验。虽然这些活动能够让学生更加全面、细致地了解某一职业的工作内容，甚至感叹"工作不易"，但由于这些体验持续性不足，且很难真正做到"不劳动者不得食"，所以学生往往容易忽视（至少是难以深刻体会）职业劳动背后"满足生存需要"的底线需求，希望通过职业体验实现的"劳动自立意识"。同时，这类非真实的劳动情境往往也缺乏对现实职业生活中复杂的劳动关系的设计，因此也无法兼顾真实劳动中个体的社会交往、被人尊重、自我实现等多元需求。当然，除了部分直接体验之外，学生还可以在教育性劳动中获得间接体验。在一些教育性劳动中，学生不仅自己参与实践，而且需要与他人合作。小学中高年级学生可以"初步体验种植、养殖、手工制作等简单的生产劳动，初步学会与他人合作劳动"。这就是说，学生还可以在"劳动"时观察到其他同学，甚至是教师是如何"劳动"的，这种观察就是关于劳动的间接体验，也会影响他们对劳动的认知。

"非劳动"教育中的体验，则是指在这类体验中，开展劳动教育的方式既不是真实劳动，也不是模拟劳动。苏霍姆林斯基就曾提出，为了进行热爱劳动的教育，要对学生思想实施直接影响，其中三种有效的形式是：讲关于劳动的教育性故事、组织学生与劳动者会面、通过文艺作品中的艺术形象对学生实施教育。这些活动乃是通过间接体验而非直接体验，对学生产生影响。比如，当学生聆听劳模讲述其劳动故事，虽然他们自己没有直接进行劳动，却能够从故事中部分认识到劳动的特征，也可能不同程度地领悟到劳动的意义。学科教学中的相关文字、视频材料等也可能给学生带来这样的体验。

隐性劳动教育，实际上也是一种学生没有"劳动"的劳动教育，但并不一定意味着教育者不劳动——它是指教育者在日常的学校生活中给学生呈现的劳动世界对学生所产生的教育影响。由于它不是直接的、明显的劳动教育，所以称为"隐性"劳动教育。一些教育者认为，在校园生活中，学生不能目睹真实的劳动世界，所以需要用教育性劳动，让学生在近似劳动的模拟情境中直接体验。事实上，每一位教师如何对待自己的职业生活正是学生日日都能见到，并对其劳动观念和精神产生潜移默化的影响的隐性劳动教育。如果教师是在"混日子"，学生恐怕很难从师生交往中体会到"热爱劳动""劳动创造美好生活"等理念。此外，学校领导如何与教师相处，教师们如何与学校后勤人员相处，都会向学生传递出"尊重普通劳动者"是否重要。这些由教师身体力行的劳动观念往往带给学生更深的影响——学生认为这些才是真实的劳动准则，也更值得自己模仿。

总体来看，"劳动教育意义上的体验"中，一小部分是直接体验，需要学生亲身实践，但另一部分则是间接体验，虽不需要学生直接劳动，也能够对他们产生不可小觑的教育影响。直接体验具有提高劳动能力、强化劳动意识的双重功能。间接体验一般对劳动能力的提升作用较小，主要表现为对劳动观念、精神的引领之上。

二、加强体验的劳动教育意义的关键环节

"劳动教育意义上的体验"的不同种类，可以为劳动教育实践拓展思路。作为教育者，不仅要帮助学生生成体验，而且要努力提升其体验的品质。若想提升体验的品质，从源头上来看，这一体验活动应该是符合学生内在需求的；从过程上看，体验不是单纯地"做"，更是深入地"想"；从机制上看，体验效果的强化有赖于劳动习惯的养成。下文将对以上三点进行具体阐述。

（一）唤起劳动需要

需要唤起是任何一项教育活动，尤其是体验类教育活动的关键步骤。马克思指出："任何人如果不同时为了自己的某种需要和为了这种需要的器官而做事，他就什么也不能做"。需要的唤起为学生参与教育活动提供动力系统。但在具体实践中，一些学校和教师误以为"唤起需要"就是"激发兴趣"。因此他们为劳动教育实践设计各种活泼、精巧的环节，让学生们乐于参与。但如果只是唤起短期的、表层的兴趣，往往容易使得学生只是因为"好玩"而参与，忽略真正的教育目标，甚至造成最终的收获与教育目标南辕北辙。事实上，在杜威来看，这也不是真正的兴趣，"外部环境是否有趣味，要看这个环境与个人目的的关系如何"。

这就意味着，学生对一项教育活动的内在兴趣，乃是经由一种"它与我的学习生活有多大关联"的判断。恩格斯也提出，"就单个人来说，他的行动给的一切动力，都一定要通过他的头脑，一定要转变为他的意志的动机，才能使他行动起来"。因此，需要的唤起，其实是要认真思考"学生究竟可能有哪些劳动需要"，并根据这种需要的判断去设计活动。

具体而言，我们要把握学生需要的内在丰富性、时代差异性和群体多样性。所谓内在丰富性，主要是指学生的劳动需要不仅有工具性的，还有超越性的，不仅有个体意义上的，还有社会意义上的。当教育者创设相关体验时，应该适当兼顾不同种类、不同层次的劳动需要，尤其应该引导学生提升至超越性的、强调社会价值的劳动需要。事实上，无论是哪一种"劳动教育意义上的体验"，学生在其中所感知到的劳动意义都不应该局限在生存需要，而是应该让学生意识到：劳动不仅是绝大多数人满足生存需要的最好方式，更是实现自身多种需要的有益渠道。比如，在校园种植活动中，如果学生的体验主要集中在"出于生存需要进行种植劳动的农民非常辛苦"，那少部分家庭富裕的学生可能就会产生逃避种植劳动的念头，因为他们认为自己将来不会从事这类劳动。其实，参与种植劳动的需要构成非常丰富，并非仅有"生存"这一种需要。苏霍姆林斯基在论述"教育性劳动"时就曾指出，"只要有可能，我们的学生都直接加入成人劳动集体，直接参加创造物质财富的田间和畜牧场的劳动。我们很重视建立学生同成人劳动者之间的上述关系，使学生创

造的物质财富为成年劳动者所急需，使孩子们把自己参加的、在某种程度上说是学校的教育性劳动看作是成人的劳动"。苏霍姆林斯基之所以将教育性劳动尽可能地与成人劳动建立联系，乃是因为当学生的种植成果为他人所需时，学生在种植时，就不是单纯地"为自己的生存而劳动"，乃是为更多人的幸福生活而劳动。当人性中更加崇高的使命感被唤起时，学生的动力就更强。虽然今天大部分学校没有办法采用苏霍姆林斯基类似于让学生部分参与生产公社劳动的做法，但是一些学校已有的做法可以借鉴，如将学生劳动产品进行爱心义卖，并将义卖所得捐献给需要帮助的人。当学生发现自己的劳动产品能够产生社会价值，他们的劳动热情就会进一步高涨。

时代差异性，则是指新时代的学生可能具有与年长教育者不同的劳动需要。新时代劳动教育所面临的一个重要时代变化是：生产力高度发达的今天，的确有一群儿童由于家庭财富积累实现不劳动就生活无虞。而且，当资本增值的速度高于劳动收入增长的速度，"食利者意识"向中产阶级乃至更广泛人群的蔓延也使得"不劳动"成为青少年的可能心态。如果说"通过劳动改善生活"曾经激励了一批青年人（包括当代的教师们），那么，我们必须认识到这一说法已经难以唤起部分学生的劳动需要。从马斯洛的需要层次论而言，当一部分学生未来参与劳动的动机不再来自于生存需要，教师就应该引导他们发现、关注并转移至更高级的需要，比如，社交的需要、尊重的需要和自我实现的需要。此外，还有劳动形态变化带来的一系列劳动观念转变。比如，当"非标准就业"成为趋势，"铁饭碗"背后的"稳定"的劳动观就遭遇动摇。教育者要主动检查这种劳动需要中的代际差异，以防后喻文化时代的劳动教育危机——学生的劳动价值观已经更新了，而教育者的劳动价值观还停留在过去。当学生发现老师提倡的劳动价值观并不符合时代特征，就不会相信老师推行的劳动教育，从而也不会热情投入到这样的活动中去。

群体多样性则是指青少年群体内部的劳动需要也具有差异性。比如，当白领家庭的孩子与务农家庭的孩子同时面对校园种植劳动时，其所产生的价值体验可能截然不同。这对于农村劳动教育实践而言尤其重要，上文提到的物质丰裕时代的劳动需要升级并不属于所有学生，一部分学生仍然希望以劳动改善生活，并希望通过学校的科学知识教育来改变命运，针对这些学生，劳动需要的唤起更为复杂——或许对其中一部分人来说，逃离他们并不陌生的农业劳动，正是他们接受教育的主要原因。努力理解他们的劳动需要，进而帮助他们定位适宜的劳动需要，成为教育者创设体验的基本前提。最后，还需要强调一点，唤起劳动需要，不仅是教育手段，也是新时代劳动教育的一个重要目标。无论是对于"因富致懒"的学生，还是由于贫困而希望脱离劳动阶级的学生，帮助他们形成对于劳动的内在的、丰富的需要，都应该成为当前劳动教育的题中之义。

（二）重视对体验的反思

由于体验强调主体参与，而个体间差异较大，所以体验常常具有"不规则性、异质性、流变性"，作为教育者，应该支持学生保有这种个体化的、模糊的初体验，但并不意味着教育者不对这些初体验进行引导，恰恰相反，这种初体验之后的引导正是劳动教育之"教育性"的最直接表现。指导学生思考劳动过程和结果与社会进步、个体成长的关联，避免停留在简单的苦乐体验上，也就是说，"指导学生思考"应该是"体验"之后的必然环节。如果说"唤起劳动需要"是教育者通过对学生真实需要的识别，将教育设计隐藏在活动环节中，那么"加强对体验的反思"就是教育者的"显性"教育行为。

这种反思应该是深刻的、全面的、具有延展性的。在加强反思的深刻性方面，一个重要的思路是：在价值冲突中实现引导。人格化是在个体用什么方式处置情感冲突的基础上形成的。教育如果不进入这一"冲突圈"，就始终是外在的、不触及灵魂的，因而也不会对人格成长真正起作用。时下，劳动形态变化迅速、劳动价值观多元，"搭建新的理念框架来理解当下的劳动问题本身就成为了问题"，因此，劳动教育不应该回避学生不同的劳动认知，而是要努力促使学生在矛盾与冲突中进行辨析，真正锻炼其价值选择能力。比如，当学生听完劳模的感人事迹，非但没有被触动，反而提出"是否辛勤劳动，应该是个体的自由选择"，教师不应直接否定学生的观点，而是可以进一步了解学生为何提出这一说法，是因为家境富裕缺少奋斗动机，还是因为媒介环境对个体权利的渲染，又或是因为同伴交往中消极思想的渗透。教师应该以此为教育契机，展开相应的引导。如果学生强调个体权利，教师可以从个人利益的角度指出劳动有利于自我实现。如果学生只是缺少超越性的动机，教师可以列举劳动的社会价值。事实上，并非每一个学生都能够在体验后真诚地表达自己的观点，所以教师不能被动等待学生说出自己的想法，而是应该积极思考每一种"劳动教育意义上的体验"背后可能存在的价值冲突，并选择其中具有代表性的观点，主动抛给学生，组织相应的讨论，提升学生的反思能力。"教学关注的是过程而不是结果，这里的关键是不要把答案直接呈现出来，而是要使答案背后的问题凸显出来，即问题化"。

之所以要加强反思的全面性，因为不少学校在进行劳动体验的引导时，主要强调学生对自身体验的反思。事实上体验具有整体性，学生在某一个具体情境中，不仅关注自己的劳动实践，还观察到他人的劳动实践，甚至有可能是他人的劳动观念和行为对其认知产生了更重要的影响。比如，当学生发现其他同学在校园种植中投机取巧，且没有被发现，他/她就会对诚实劳动的观念发生动摇。如果教师在引导反思时，没有让学生评价他人劳动，这一情况就难以被发现，相应的教育也不可能开展。同时，如果学生的劳动没有得到他人的评价，一方面很难意识到劳动的社会性特征，另一方面也失去了从多角度认识自身劳动的机会。反思的全面性正是要通过不同参与主体对个体劳动的观察和思考来帮助学生认识自己的劳动过程和劳动成果。

最后则是应关注反思的延展性。前文在澄清体验概念时提到了"做"。杜威的"做中学"往往会成为教育实践的理论资源。似乎直接经验的给予就能够带来学生的"学"。但杜威自己就曾指出"仅仅是去做，不管怎样生动，都是不够的"。具有教育性的"做"，应该是经验的扩展。"一个行动如果不能联系到个人更大的经验体系中去，只能提供片段化的经验，是没有什么教育价值的"。比如，学生去某一手机零部件加工厂参观或投身教育性劳动，学生对于工厂的直接体验，一定是有关工厂中的劳动类型及劳动产品。但教师在引导学生反思时，可以带领学生探究这一产品的完整生产链条，体会当前社会劳动的复杂分工——手机是由无数个零部件工厂的共同劳动合作完成的，甚至还可以引导学生思考劳动正义的话题——在手机生产的全球市场中，发达国家与发展中国家的地位和作用有什么不同。"劳动"是帮助学生认识社会的一个重要窗口，劳动教育者不能局限在学生看到的、听到的有限劳动议题，而是要通过体验后的反思，开拓学生视野，引领学生探索他们自以为熟悉、实际缺乏深入思考的劳动世界。

（三）形成劳动习惯

偶发的、单个的劳动教育体验往往难以对学生产生深远的影响。劳动习惯的养成某种意义上，就是要求学校在设计体验活动时注意连续性、实践性和系统性。所谓连续性，就是指教育者应该尽可能地为学生创设相似甚至是重复的体验。重复本就是劳动的一个重要特征，因此，重复体验也是让学生更加深刻理解劳动。而且如果教育者能够提供有益的反思环节，重复体验就是一个加强反思的连续事件。周期性的体验活动（如校园种植）常常比一次性的体验活动（如下乡劳动）收效更好，因为学生的每一次行为都可能成为反思结果的正向强化。

习惯往往表现为具体的实践，养成劳动习惯之所以能够加强体验的教育性，一个重要原因是它为学生提供了学以致用的实践机会。一个完整的劳动教育活动设计应该是教育者能够根据体验中的学生收获，设想可以持续操练、反复强化的实践情境，并通过作业或者设计与上一轮体验具有相关性的新活动来提供行动机会，为形成劳动习惯奠定基础。所谓系统性，则是指不同劳动素养在养成习惯这一教育过程中的同步提高、相互配合。"习惯处在身体、思想、感情、行动的交汇处，将人之分散的'心絮'与'活动'连接在一起，形成一个稳定而又连续的存在"。也就是说，劳动习惯的养成，往往是劳动行为、劳动认知等各类劳动素养综合提升的结果。劳动行为当然是重要的。不过此处的劳动行为并非指"教育过程中学生做不做"，而是指"离开教育者视线之后学生做不做"。当然，即使是具有教育意义的体验，也未必马上反映于行动。毕竟在校学生还不是真正的劳动者，他们大部分劳动观念、知识和技能乃是在未来迈入社会后才能得到进一步检验。但是如果学生能够在"劳动教育意义上的体验"中有效反思，其反思结果就指向一种正确的劳动倾向性——这种劳动倾向性并不一定马上落实于行动，但只要遇到合适的机会，会表现为行为。这也侧面说明，劳动习惯并不一定只有看得见的直接操作，也有看不见的行为倾向性。对于劳动习惯而言，一种稳定的、内在的行为倾向性是更为重要的。"习惯是主体通过形成一种行为秩序（或行为样式）而形成一种心灵秩序（或心灵内容）"。也就是说，行为习惯的养成最终是指向一种思维习惯。"离开教育者视线之后学生做不做"的一个关键在于：学生究竟有没有形成劳动的积极思维习惯。举例来看，几乎每所学校都会组织学生参与校园卫生劳动，但许多学生可能是"在校勤快，在家懒惰"，因为学生在校表现并非基于对此种劳动意义的理解，而是出于良好评价等其他原因参与劳动。当思维习惯没有养成，教育者预期的自觉行为就很难发生。

这事实上也说明了劳动教育中习惯与反思之间的关系。一方面，反思是习惯的重要前提。即使从外在表现来看，学生多次进行了某种正确的劳动行为，他们仍然可能并未理解这种劳动的意义，只是被动地重复自己的行为。当失去外在约束时，他们就不再进行这类行为。因此，反思的质量成为习惯的重要保障。另一方面，习惯也成为反思的检验方式。通过观察"离开教育者视线之后学生做不做"，我们可以了解学生的反思是否深刻。虽然并非所有"劳动教育意义上的体验"都表现为劳动，但它们都包含反思。前文将"劳动教育意义上的体验"分为直接体验和间接体验。间接体验中，学生并没有直接参与劳动，但并不意味着间接体验的教育效果不会带来直接劳动。凡是能够带来学生自觉且能持续进行的行为（即行为习惯）或积极的行为倾向性（即思维习惯），就是值得提倡的体验方式。"品质是精神记忆里的习惯。个体的品质存在于习惯之中，且须通过习惯表达"。深刻的反思最终会成为学生稳定的劳动品质，对其劳动实践产生重要影响。

本节力图阐明"劳动教育意义上的体验"及其实现路径，具体到学校教育实践中，除了在设计体验时，注重把握唤起劳动需要、加强反思和养成习惯这三个关键环节之外，还需要注意如下三点。

第一，教育者应该将"劳动价值观培育"作为设计体验活动时的首要关切。事实上，正是对于劳动教育核心目标理解的不同造成了当下劳动教育实践中处理"体验"问题的差异。如果学校将劳动教育视为主要培养劳动技能的活动，就往往更加重视能够让学生"在游泳中学游泳"的直接体验。而在经济和科技发展如此迅速的今天，劳动形态日新月异，当下的劳动知识和技能的教育很难帮助学生应对不确定的未来劳动世界。而且，劳动观念本身能够提供劳动知识和技能学习的动力，因此，苏霍姆林斯基指出，"所谓做好劳动准备，首先是指在道德上做好准备以及要有热爱劳动的思想"。当学校将劳动价值观培育作为重点，就会打开思路，不再局限于直接体验，而是对各类间接体验引起重视。

第二，教育者应该加深对价值观教育之特殊性的认识，而非简单迁移知识和技能教育的一般方法。"培养学生的价值判断能力是价值教育的一个核心任务"。价值判断是学生具有自主性的价值选择，因此，价值观教育不只是让学生了解"哪一种价值判断是社会主流更为认可的"，而应该是让学生真正理解主流价值判断对个体的意义。这就要求学校进一步增进对价值主体的全面认识，以及各类价值主体对于"劳动"的不同理解。当下的劳动教育实践者将更多心思花在"因地制宜"，却忽视了"因材施教"对于劳动教育的意义。对象性原则不仅是一切教育的方法论，更是劳动教育中至关重要的准则。如果教师对当代学生的劳动观念理解不够准确的话，就不可能真正唤起他们的劳动需要，更不可能定位他们认知中的价值冲突，提升其反思质量。

第三，教育者应该抓住不同的"劳动教育意义上的体验"的实践规律。比如，在设计教育性劳动时，应该注意间接体验的抵消效应和失真部分的离心作用。前者指的是教育性劳动虽然可以通过直接体验给学生正向激励，但是如果教育性劳动中学生同时受到同学或教师的负面影响，那么这种正向作用就可能被间接体验抵消。后者则是指教育性劳动中那些不符合真实劳动的元素或场景，很有可能会误导学生甚至教师，将教育目标引至非劳动教育的方向。举例来说，一些学校在组织校园种植时，劳动产品并非进入社会交换领域，那么学生对于劳动产品属性的理解就会出现偏差。可见，明确不同体验的教育机制，掌握其实施要点，不仅有助于提升某类体验的作用，而且有利于不同体验相互配合，优化整体效果。

第四章　突出四个结合

第一节　劳动教育与学校思想教育相结合

一、高职思想教育与劳动教育融合的意义

在高职思想教育中，劳动教育的融合实施可产生协同效应，强化思想教育及劳动教育成效，能促进学生全面发展，达成高职教育的新目标和新要求，落实立德树人根本任务，为社会输送更优秀的专业人才，培养符合时代发展要求的社会主义接班人。因此，思想教育与劳动教育融合具有重要意义。

（一）劳动教育有利于学生强身健体

组织学生参与劳动活动，锻炼学生身体，强化学生身体素质，发展学生精气神，有助于学生身心健康成长。在人才竞争激烈的当下，学生家长高度重视学生教育，将重点放在学生成绩提升方面，忽略了学生其他品质与素养的培养，易使学生身体素质下降。高职思想教育与劳动教育融合，可引导学生体验各类劳动生活，在劳动活动中与人交流、活动身体，使学生养成健康体魄，促进学生身心发展。

（二）劳动教育有利于学生强化技能

劳动教育可为学生提供多样劳动活动，激发学生的劳动热情，获得更丰富的劳动体验，产生探究科学与技术的学习动机。在高职院校思想教育与劳动教育融合背景下，教育工作者可在劳动活动中，有意识地引导学生探究专业知识，不断强化自身专业技能，树立正确价值观，通过双手创造美好生活，对个人发展、社会发展起到促进作用。

（三）劳动教育有利于学生发展品质

高职院校的人才培养目标发生变化，教育工作者需将大国工匠作为培养方向，通过思想教育与劳动教育的融合，强化学生的劳模精神与工匠精神，进而使学生具备良好的职业

道德与职业素养，以诚实劳动立身，引导学生在劳动过程中践行责任意识、质量意识与品牌意识，培养有责任、有担当的优秀人才。

（四）劳动教育有利于学生提升创新力

劳动教育可为学生提供更多实践机会，而在实践过程中，学生能够发现多项问题，并探究问题解决方案，进而培养学生创新意识。我国多项创新成果由古代工匠在劳动中研发，如鲁班大师在劳动中发明了曲尺、墨斗等工具；劳动人民在生产中发明了耕犁、水磨等工具。在高职院校教育中，劳动教育的融合实施，可引导学生对劳动工具、劳动方式进行创新改进，提升学生的创新力，激发学生的创新创业热情，培养有创造力的新时代人才。

二、高职思想教育与劳动教育融合存在的问题

（一）劳动教育未融入课程教育体系

在高职课程教育中，融合趋势为课程思政，教育工作者将重点放在专业课程与思想教育课程的融合中，二者与劳动教育的融合深度不高，融合广度不足。目前部分高职院校的思想教育课程内容以社会主义道德、形势政策等为主，课程教学中忽略了劳动价值观、劳动情感及劳动伦理责任等内容；专业课程内容以专业理论与专业技能为主，劳动教育被视为技能教育、岗位实践，难以发挥劳动教育的各项育人作用，劳动教育融合未取得理想成果。

（二）劳动教育实践处于缺位状态

基于高职教育的特殊性，实践活动是高职院校常用的教育手段，但对大多数高职院校而言，关于劳动教育的实践活动处于缺位状态，思想教育课程的实践活动将重点放在社会观察、演讲辩论、红色教育等方面；社会实践活动以志愿者活动、社会调研等为主，均不涉及劳动教育内容，使劳动教育在课程实践中缺失，高职思想教育与劳动教育融合不到位。

（三）劳动教育与学生生活脱节

互联网及人工智能迅猛发展，其对高职院校的教育和学生生活带来显著影响，学生日常管理中表现出沉迷网络世界、贪图享乐、利己主义等不良现象与思想。而在高职院校思想教育与劳动教育的融合中，教育工作者未认识到当前学情，使劳动教育与学生生活脱节，学生对劳动教育的兴趣薄弱，缺乏正确劳动观念，甚至部分学生认为劳动无用，难以发挥劳动教育作用。

三、高职思想教育中劳动教育融合实践措施

（一）构建包含劳动教育的课程体系

为使劳动教育与高职院校课程教育深度融合，教育工作者应构建完善课程劳动教育体系，从思政课程和专业课程两个层面入手，在课程建设的基础上，开展劳动课程建设。在思想劳动教育课程建设中，高职院校应从课程教育全过程入手，深度融入劳动教育。在课程目标方面，应将劳动价值观树立、劳动情感培养、劳动伦理责任形成与劳动权益意识发展等劳动教育目标，纳入思想教育课程目标中，引导师生针对性实施劳动教育与劳动学习。在课程内容方面，教育工作者应结合目前思政课程内容的内涵，融入相关劳动理论，引导学生遵循新时代要求，崇尚劳动，融入劳模精神与工匠精神，使学生体会岗位责任、奉献精神，树立劳动最光荣的观念。在课程教学方面，可采用案例教学法、实践教学法，向学生介绍劳模和大国工匠的故事，直接参与到生产一线，引领学生践行劳动教育融合基础上的思想教育内容，强化劳动教育成效。在课程评价方面，围绕劳动教育目标，通过考试或实操等方式，考查学生的劳动理论、劳动技能掌握情况与劳动意识，提高学生对劳动的重视。在专业劳动教育课程建设中，高职教育工作者应在课程的指导下，综合考虑专业特点、行业特点及人才培养目标，整合专业课程的各类思想教育资源，于思想教育资源中查找与劳动教育相关的要素，以此作为切入点，融入劳动教育。例如，在专业理论教学中，专业教师可从互联网背景下的行业岗位发展趋势入手，以案例或材料等形式，为学生讲解岗位人员如何应对互联网带来的挑战，奋力拼搏，不断创新，提升自身劳动技能，满足岗位要求，激励学生不断完善自我，加强专业学习，调动学生学习热情。在专业实训教学中，高职院校可与企业合作，邀请行业专家、劳动模范与企业技术骨干共同担任实训教师，在高职院校内成立技能大师工作室、工匠工作室等学习平台，既可提升学生的专业技能，也可使学生受到劳模、工匠及骨干人员的精神熏陶，进而引导学生传承优良劳动品质，取得理想劳动教育成效。

（二）完善劳动教育机制

为确保劳动教育实践工作有效开展，高职院校应制定实践劳动教育机制，从多个层面组织高职学生进行劳动锻炼，解决高职院校思想教育与劳动教育融合中的劳动教育实践缺位问题。实践劳动教育工作的实施，可丰富学生的劳动实践体验，遵循高职院校思想教育工作会议精神，将劳动和实践进行深度整合，落实实践育人，使学生形成热爱劳动、崇尚劳动的劳动情感；还能够使学生认识、了解社会发展现状，培养学生承担社会服务职能的意识。在此基础上，高职院校应从思政课程的课内外、校内外、校园与企业等层面入手，开发设计实践教育活动，发挥劳动实践教育效能，取得良好融合成果。以某高职院校为

例，组织学生参与如下实践活动。

一是课内外活动。依托于高职院校的社团，以专业特色为导向，面向全校学生，举办家电维修、文艺表演、医疗健身、厨艺比拼、礼仪宣教等活动，学生可在活动中强化专业技能，拓展其他劳动技能，掌握更多样的劳动理论，体会劳动的乐趣，形成劳动情感。例如，高职院校持续开展"义务劳动活动"，组织学生每周进行 10 小时的义务劳动，劳动内容包括清扫校园、维护校园秩序、修剪校内植物、图书管理等，既可强身健体，也可使学生接触自然，培养积极情绪，激发劳动情感。二是校内外活动。与高职院校所在地区的社区街道、敬老院、孤儿院、中小学、福利院、铁路部门等机构合作，开发公共服务教育资源，组织学生参与志愿者服务，强化公共服务意识，确保学生在面对重大社会事件或危机时，能够承担新时代高职生的责任，为维护社会稳定奉献自我。例如，高职院校组织学生坚守春运、暑运铁路战线，向群众展示新时代高职生的精神风貌，践行为人民服务的理念。同时，组织学生下乡支教、进田支农，到劳动一线体会劳动的成就感，锻炼学生的劳动能力。三是企业活动。高职院校在寒暑假，为学生提供企业实践机会，组织学生进厂支工或到企业一线参与生产操作，提前体验岗位劳动，既可帮助学生将学习的专业理论与技能用于实践，也可培养学生的实干奋斗精神。例如，某高职院校组织学生到合作企业进行轮岗实习，到不同岗位体验不同工种的工作内容和工作职责，并为学生安排企业师傅，使学生明确企业生产的要求，从企业师傅处学习劳动精神和劳动技能。

（三）培养学生劳动习惯

高职院校辅导员应明确劳动教育的内涵，结合学生日常事务管理内容，探究思想教育与劳动教育的融合点，开展相应的行为习惯养成教育，鼓励学生在日常生活中践行劳动观念。具体而言，高职院校辅导员可引导学生自治组织，开展自主管理，使学生完成被动劳动—学会劳动—热爱劳动的转变，实现教育目标。辅导员可结合学生自主管理实践，组织学生实施如下自治项目。一是宿舍管理。辅导员定期开展宿舍文化分享交流会、文明宿舍选拔等活动，通过宿舍间的比拼，激励学生做好个人卫生清洁、宿舍内务管理、宿舍学习氛围营造等自治行为。同时，辅导员定期组织学生进行宿舍楼大扫除活动，组织学生通过合作，清洁宿舍公共区域，共建文明校园，既可提高学生的自主管理能力，强化学生的生活劳动技能，养成生活劳动的好习惯，也可为学生创造舒适的宿舍环境，促进学生身心健康发展。二是班级管理。辅导员以班级为单位，开展"最后一分钟"活动，活动场景包括课堂和食堂。在"课堂一分钟"活动中，鼓励学生在完成课堂学习后，共同进行教室清洁活动，整理教室的垃圾，做好垃圾分类，并将混乱的桌椅板凳归位；在"食堂一分钟"活动中，要求学生餐后清洁餐桌，随手回收餐盘，并尽量做到光盘，既可培养学生生活劳动习惯，也可发展环保意识。

（四）开展劳动教育文化建设

高职教育工作者应积极开展劳动教育文化建设工作，结合高职院校的办学特色、思想教育目标，将思想教育要素与劳动要素融合到校园文化中，依托于校园文化的导向、激励等作用，发挥融合教育的作用，在高职校园内形成全民劳动的良好风尚，传承并弘扬劳动精神。基于校园文化建设内涵，高职教育工作者可从以下层面，开展劳动教育文化建设。一是，硬件层面。高职教育工作者可在校园的宣传栏、教学楼走廊、教学楼滚动屏等场所，传播劳模故事或大国工匠故事，形成生动、立体、形象的教育素材，吸引学生、激励学生，引导学生践行劳模精神与工匠精神。同时，高职教育工作者可在校园内悬挂劳动相关标语（如讴歌劳动创造，建设平安中国；向劳动者致敬；弘扬劳动精神，争当优秀学生等）、展示劳动主题的雕塑，使劳动精神与劳动意识全面覆盖高职校园的各个角落，形成劳动精神文化，取得广泛传播成效。二是，软件层面。高职教育工作者可以劳动为主题，设计多项面向全校的劳动活动，从多个层面向学生传播劳动文化，使学生成为劳动文化的受益者、践行者与传播者，实现校园劳动教育文化建设目标。以某高职院校为例，设计如下活动："工匠进校园活动"，选择所在地区的优秀工匠，举办讲座活动，分享劳动故事，传递工匠精神；"劳模面对面活动"，选择劳动模范举办答疑活动，解答学生关于劳模的各项问题，传播劳模精神；"技能大比武活动"，以院系为单位，开展专业技能竞赛活动，发展学生劳动意识，引导学生通过不断劳动，强化自身专业技能。

第二节　课内与课外结合

劳动教育作为一门必修课程，由于自身特点灵活多样，所以国家、地方和学校都无法以章节的形式规定课程的具体内容。近几年，在劳动教育课程方面，根据学生的年龄特点、活动的类型、涉及的领域，进行了较多的探索和尝试。现就劳动教育课程中一些课内与课外有机结合的典型课例进行阐述。

一、课内教学为课外实践活动进行知识的铺垫，课外实践印证提升

动态开放性是综合实践活动课程的基本属性之一。它强调从学生的真实生活和发展需要出发，选择并确定活动主题，鼓励学生根据实际需要，对活动过程进行调整和改进，实现活动目的。课程实施不以教材为主要载体，不是按照相对固定的内容体系进行教学。

二、课内教学为课外实践进行思想认识的铺垫，课外重在行动的落实，养成行为习惯

综合实践活动的设计与实施必须围绕课程目标进行，注重引导学生在活动中体认、践

行社会主义核心价值观，热爱中国共产党，热爱祖国，热爱劳动，培养学生的社会责任感、创新精神和实践能力，增强活动育人效果。

我们在给学生讲解社会主义核心价值观的时候，面对以具体形象思维为主的中年级学生，怎样让社会主义核心价值观落地？老师们从平常的生活小事着手，要求学生从平时的一点一滴做起，用实际行动来体现社会主义核心价值观。新课程改革要求，我们要促进学生走向社会，接触社会，学会做人，学会做事，增强社会责任感，培养学生社会交往能力。这个课例就是以社会考察和社会参与为任务取向的实践活动。我们在学生自己熟悉的社区进行，在参观访问、社区服务等活动中，使学生关注社会，参与社会生活，丰富社会阅历，积淀文化内涵，获得对他人对社会的价值实现感。

三、从课内初探到课外实践再回归课内，综合实践能力螺旋式上升

人人动手制作，个个动脑创造，也是综合实践活动课程的价值取向之一。学生劳动体验的获得，科学技术素养的形成，离不开课堂内外的反复演练。为了培养学生的科学精神和动手能力，我们在全校学生中开展了科技小制作、小发明活动。同学们热情高涨，回家以后采集各种材料，大展身手。由于是初次举办这类活动，很多同学开始制作得太简单，科技含量不高。老师没有打击同学们制作的积极性，接下来让同学们在课堂上展示交流，说说自己的创新点在哪里。大家互相启发，认识到了自己制作的优缺点，老师启发同学要特别注意小制作中的个性张扬和创新意识，所谓创新也可以是几个亮点的组合，匠心独运。

四、充分挖掘本土地方优势——红旗渠精神，课内课外有机结合，发展自我

实践是综合实践活动课程的中心环节，"发展自我"也是该课程关注的一个焦点。我们林州的红旗渠是全国著名的德育教育基地，红旗渠，如一面艳丽的旗帜，高高矗立在太行山上，代表着"自力更生、艰苦创业、团结协作、无私奉献"的红旗渠精神。走进人工天河，开展"一渠绕太行"研学活动也是我校综合实践活动课程的一大特色。我们采取"个体、小组、班级活动"，"校内、校外活动"，"课内、课外活动"等基本形式，通过课前走访身边老人、上网搜集资料，课内交流展示，走进红旗渠"参观博物馆、登山走红旗渠、角色扮演、实践体验"等多种方式学习实践红旗渠精神。在整个综合实践活动过程中，教师不是用"上课"的方式去"教"学生，而是成为学生综合实践活动的组织者、参与者、促进者，取得了很好的教育效果。

第三节　学校教育与家庭社会结合

高职院校劳动教育是系统工程，其实施成效取决于系统运行过程中其内部各要素或各个子系统之间相互作用、配合的程度。家庭、学校和社会作为高职院校劳动教育系统中的三个重要因素，三者的协同程度、整体合力在很大程度上影响高职院校劳动教育的成效。

一、家庭、学校、社会在高职院校劳动教育中发挥不同作用

（一）家庭在劳动教育中发挥基础作用

1. 家庭是劳动教育的起点和劳动观念的建构基地

家庭是社会的最小单元，以血缘关系为纽带。家庭是自然属性和社会属性的统一，"无论是通过劳动而生产自己的生命，还是通过生育而生产他人的生命，都立即表现为双重关系：一方面是自然关系，另一方面是社会关系。"正因为家庭的自然属性和社会属性使得家庭教育将自然关系和社会关系统于一体。家庭是孩子社会化的起点，劳动教育作为家庭教育的重要内容，对劳动的感知和认同最先从家庭起始："孩子们从牙牙学语起就开始接受家教，有什么样的家教，就有什么样的人。""家庭是人生的第一个课堂，父母是孩子的第一任老师。"在孩子的成长过程中，正是家庭履行第一堂课的任务，家长承担第一任老师的责任，家长正确的劳动观念和言传身教深刻教育和熏陶儿童的劳动价值理念，从而构建起儿童正确的劳动价值认知和认同，发挥着学校、社会不可替代的基础作用。

2. 家庭是劳动教育的"主战场"和最便利的实践基地

马克思认为，人的全面发展最根本的是人的劳动能力的全面发展。劳动是生活的重要组成部分，人的劳动能力培养始于家庭。"家庭是孩子与社会联系的桥梁与纽带，能提供孩子实践劳动的基本场所。"家庭为孩子日常生活劳动提供足够而便利的实践场所，使家庭劳动具有多样性和便捷性。家庭劳动大多是日常生活的劳动，具有生活性的特点，家庭劳动主要教授孩子一些基本的生活技能，具有基础性和先行性特点。家庭劳动的无时不在、内容多样使其成为劳动素质培养的绝好课堂，它与学校开设的劳动课一样，能够促进孩子多种素质的养成。因此，家长要教育并放手让孩子自己动手解决个人生活问题，在这个劳动"主战场"中引导、鼓励孩子学会劳动技能和技巧，为独立生活和参与社会生产劳动奠定必要基础，要求孩子参与必要家务活动，在"锅碗瓢盆齐响"中体验和感受酸辣苦甜，增强对劳动的尊重和敬畏。每个家庭形成各具特色、富有深刻内涵和趣味的家庭劳动氛围，形成劳动与德育、智育、体育、美育联动发展的整体教育局面。

（二）学校在劳动教育中发挥主导作用

1. 学校通过构建系统性的劳动教育体系发挥主导作用

相对家庭和社会，学校不仅是劳动教育主体责任的承担者，而且在劳动教育各责任主体中发挥着主导作用。主导作用显著体现在构建适应不同学段学生发展需求、符合时代特征又立足于学校实际的劳动教育体系并组织实施。从课程维度来看，高职院校劳动教育体系不仅包括理论教育课程与实践教育课程两个模块，也嵌入了其他专业课程，还覆盖了思想教育和素质教育，因此，彰显出教育课程具有多元性、相融性的特点。从内容维度来看，涵盖了劳动关系、劳动价值观和劳动体验等教育内容，实现思想性、实践性的有机融合。从实施维度来看，是课堂课程教育与校内课外实践教育、校内教育与校外教育的协同推进，表现出教育场域全方位性、全覆盖性的优势。从资源支撑维度来看，是校内与校外劳动教育资源的有机协同，是劳动教育实施与考核评价的统一，体现出劳动教育资源的多样性、贯通性。在家庭、学校和社会三者中，正是学校构建的系统化劳动教育体系在劳动教育中发挥着主导作用。

2. 学校通过组织规范化的劳动教育实践发挥主导作用

相对于家庭和社会，学校在劳动教育的主导作用还表现在组织规范化的劳动教育实践活动。学校劳动教育实践是依据人才培养目标所开展的有计划性、规范化的教育活动，正是基于计划性和规范化，学校劳动教育实践活动的场域进一步拓展，既有组织性的校内各项劳动教育体验，又有校外各项服务性劳动实践活动。劳动实践活动形态进一步拓展，除组织开展传统劳动教育实践外，又有着适应科技进步和新时代特点的劳动工具、劳动技术和劳动形态的运用，具有家庭和社会无可比拟的深度。高职院校劳动教育实践活动通过劳动与专业学习融合提升高职生专业知识和创新能力，为走向职场奠定基础。这种规范化、专业性的高职院校劳动教育实践活动彰显了高职院校在劳动教育中的主导作用。

（三）社会在劳动教育中发挥支持作用

1. 劳动教育的社会性决定社会发挥支持作用

人的本质是劳动，劳动的主体是人。"劳动首先是人和自然之间的过程，是人以自身的活动来引起、调整和控制人和自然之间的物质变换的过程。"劳动具有社会性，不仅是人与自然关系的呈现，也是人与人之间社会关系的体现。通过劳动创造了自然生理意义上的人、社会意义上的人，同时引起主体自身的生理和心理的变化，促进了人自身的不断完善和发展。劳动作为人类最基本、最重要的存在方式，既是培养人、塑造人的重要手段，也是实现人的解放和自由全面发展的根本途径。劳动的社会性决定劳动教育具有鲜明的社会性本质规定，需要在真实、直观的社会生活中展开，通过在社会生活中开展劳动体验，能丰富自身知识、开阔视野，以及提升发现问题、解决问题的能力，在发现和解决问题的过程中获得改造世界、塑造自身的体验和感知，为自身的社会化奠定坚实基础。

2. 社会资源的丰富性能为劳动教育提供支持作用

劳动教育具有鲜明的时代性，只有扎根于具体的社会现实，才能充分彰显其时代活力和育人功能。一方面，劳动教育的社会性决定了社会发挥支持作用的必要性；另一方面，社会各类资源的多样性、丰富性为其支持作用的发挥提供无限的可能性。土地、山林、草场等各类自然资源，企业公司、工厂农场等生产场所，都能为专业实践、生产劳动、服务性劳动提供劳动教育资源；各类社会大型活动、城乡社区、福利院等为学生公益劳动提供实践场所；现代科技的劳动新形态、新方式为学生提供了劳动新体验。各政府部门在劳动实践基地、资金提供、师资队伍等各类劳动资源配置中加强统筹、协调和引导，构建适应劳动教育所需要的实施、激励、评价和督导机制，发挥政府坚强有力的支持作用。

二、家庭、学校、社会在劳动教育协同中存在的问题

（一）协同的价值共识尚未完全形成

家庭、学校和社会作为劳动教育中的三个实施主体，要实现劳动育人系统的有效运行，必须要有一致性的劳动教育价值共识，凝聚各自发挥作用以及彼此间相互支持、相互促进的意识，这是三者协同劳动育人的前提。但在现实中，家庭存在文化教育优先于劳动教育的现象；学校"重智轻劳"的错误认识也没有根本根除；社会与高等教育脱节现象依旧存在。家庭、学校和社会对于各在劳动育人中分别承担的基础作用、主体作用和支持作用的认知不到位。由于缺乏一致性的劳动教育价值认同，以及各自承担作用认知偏差造成"家校社"劳动育人协同体系难以构建，在劳动教育中往往出现家庭、学校和社会"剃头的挑子一头热""各唱各的歌，各弹各的调"，呈现三者之间劳动教育的"离散化"，甚至出现相互消解和制约现象，严重影响"家校社"协同劳动育人作用的有效发挥。

（二）协同的政策制度尚未完全构建

长期以来，相对于中小学阶段，高职院校劳动育人很大程度上存在重视程度不够，没有形成浓厚的劳动教育生态环境，相对其他课程教学被弱化、边缘化的情况，缺乏劳动教育的顶层设计，在人才培养和整体课程体系建设中弱化了劳动育人，缺乏完善的保障性制度。自国家政策意见发布以来，各高职院校纷纷制定了劳动教育实施方案，将劳动教育纳入人才培养方案，设计和规划了劳动教育课程，但现有的高职院校劳动教育实施方案中就如何发挥家庭、学校和社会在劳动育人的协同作用涉及不足，协同教育的路径不清晰，没有细化相应的制度，在很大程度上造成劳动教育还是学校唱"独角戏"。家校沟通的途径

和平台不足，如家长会制度是家校沟通协同的有效途径，在协同劳动教育中发挥着积极作用，但高职院校已基本舍弃了这一制度，很多家庭不知晓也无法介入学生培养，造成家庭劳动教育与学校劳动教育相割裂，协同育人工作开展困难。学校与社会协同开展劳动教育的相关制度也比较缺乏，政府统筹、社会力量支持劳动教育的格局没有形成。

（三）协同的资源保障尚未完全夯实

劳动教育系统的有效作为需要相应的资金、设施、场所和师资等资源作为保障。在家庭、学校和社会协同的劳动教育系统中存在的问题主要表现：高职院校缺乏足够的经费投入，学校内部支撑劳动教育的实践教室、实训基地配置不到位，学校面向社会的劳动实践场所建设困难，本来需要进行社会实践的劳动教育课程，只好在理论教学体系之内完成，劳动课程资源投入不足，专业教学、学术研究、思政教育和服务管理等与劳动育人关联性不强，学校吸引社会力量提供的劳动教育服务不足，高职院校劳动教育师资队伍单一，纳入相关行业专业人士担任劳动实践指导教师还不够。政府统筹规划配置劳动教育资源的机制，以及校外活动场所、劳动实践场所等开放共享机制还没有完全构建，家庭劳动教育资源丰富，却还没有完全纳入协同教育体系。劳动安全保障体系尚未构建，政府、学校、家庭、社会共同参与的劳动教育风险分散机制尚不完善。

（四）协同的考评体系尚未完全实施

考核评价是评价家庭、学校和社会劳动教育系统是否有效运行的重要手段。当前存在的不足主要表现为：对教师劳动课程教育教学的评价指标低于专业课程的评价指标要求；对学校学术研究、服务管理、思想教育等领域的劳动育人缺乏有效的考核和硬性要求；对学生是否参与家庭劳动不仅缺乏信息的了解，更缺乏对学生家庭劳动情况的考核；对学校安排以外的学生参与社会劳动情况也缺乏有效的监督和信息收集，导致学生社会劳动情况考核不完整。学生劳动场域主要在家庭、学校和社会，学生劳动成效的评价考核由于家庭和社会劳动场域的不完整和缺位，成为学校单向度劳动场域的评价，影响了学生劳动教育效果考核的准确性。目前对家长、社会参与劳动教育也缺乏有效的评价机制，家庭和社会可能依据自身的兴趣和认知程度决定是否参与劳动教育，而不是基于自身的职责和考核要求协同参与劳动教育，在很大程度上阻滞了劳动教育的协同推进。

三、家庭、学校、社会在劳动教育中的协同策略

（一）塑造同向同行的劳动教育协同系统

"劳动教育的目的，在谋手脑相长，以增进自立之能力，获得事物之真相，及了解劳动之甘苦。"在劳动育人这个系统中，家庭、学校和社会任何一方都不能回避和推卸自身

的责任，必须秉持同向同行、相互促进的劳动育人理念，打造整体功能性、一体化的劳动教育"家校社"共同体。在家庭场域，学校与家长联动，需要家长构建崇尚劳动的良好家风；在学校场域，营造领导高度重视、各部门积极支持、教师组织实施、学生广泛参与、各教育环节与劳动融合的良好教育氛围；在社会场域，政府实施政策主导，舆论大力宣传，构建全社会支持劳动教育的良好格局。家庭、学校和社会需要将重视劳动教育在人才培养中的意义和价值形成理念合力，共同承担起对学生劳动价值、功能和意义的引导和教育，将所形成的协同共识转化为协同支持劳动教育的实际行动。

（二）构建系统完备的劳动教育协同制度体系

劳动教育协同制度发挥强制性、基础性和稳定性的作用。协同制度体系主要包括三个方面。其一，实施家庭、学校和社会协同劳动教育顶层设计。适应新时代劳动教育的新要求，高职院校牵头与学生家长、社会企事业单位共同探讨拟定高职院校劳动教育方案，构建与家庭、社会稳定而长期的劳动教育协同制度，明晰劳动教育协同目标、推进路径、资源保障以及考评体系等，为三方协同提供制度保障。其二，建立常态化的沟通探索制度。学校可以设置联席会议制度、联络员制度、家长会议制度等，可以充分利用现代信息技术，立足三方协同劳动教育目标，实施定期化的信息交流、反馈评价，及时总结协同教育的成效，改进协同中的偏差，探索协同教育的新模式、新方法。其三，构建相应的劳动教育能力培训制度。高职院校可通过家长会等形式对家庭进行劳动指导能力的培训，聘请社会企事业单位对高职院校教师进行劳动教育指导能力培训。其四，构建协同参与的安全保障制度。为管控劳动教育中的安全风险，需要建立起政府负责、社会协同、有关部门共同参与的安全管控机制，家庭、学校和社会需要共同承担劳动教育风险责任，三方都有劳动安全教育职责，在组织劳动教育的过程中，需要评估安全风险，排查和清除各种安全隐患，建立风险应急预案，使劳动实践在安全、科学、高效中实施。

（三）夯实支撑有力的劳动教育协同资源保障

足够的资金、完备的设施场地、数量充足和专业化的师资队伍等资源保障，需要家庭、学校和社会协同创造。其一，配足劳动教育的支持资金。家庭要创造条件，给予孩子参加各类劳动的经费支出；高职院校要为劳动教育课程的开设、实践场地建设、师资队伍培养等设立足够的专项经费；政府在教育经费预算中设立劳动教育专项资金，专款专用于学生劳动教育；社会各企事业单位也要发挥劳动教育的主体责任，增加对公益性劳动的经费预算和投入；探索政府购买服务方式，鼓励有资源、有责任的社会力量为劳动教育提供服务。通过以上途径构建起政府统筹、学校为主体、家庭和社会支持的多元化劳动教育经费保障体系。其二，协同打造劳动教育的保障平台。学校要整合好校内实践教学基地、思想教育基地、学科研究基地、创新创业基地等劳动教育资源；学校要积极对接学生家长，建立微信和 QQ 家长群，利用易班平台、智慧校园等方式，畅通家长与学校间的联络通道；学校要积极对接社会，协同将工会、共青团和妇联等群团组织优势转化为高职生劳动教育的资源优势。各社会单位也要积极承担劳动教育的社会责任，着力整合各类活动基地、劳动教育场所、研学实践教育基地，向高职院校开放共享劳动教育实践基地，搭建多样化的劳动教育平台。其三，协同建设劳动教育的师资队伍。高职院校要配齐劳动教育课程教师，将家长、劳模、行业专业人士等纳入兼职队伍，组建以专业教师为主体、兼职教师为辅助的专兼相融、协同互促的师资队伍。强化劳动教育师资专项培训，强化教师的劳动意识、劳动素养，挖掘课程劳动资源的能力以及劳动实践教育指导能力。

（四）实施有力有效的劳动教育协同考核评价

其一，建立劳动教育督导制度。政府应发挥在劳动教育督导考核中的权威作用，将劳动教育纳为教育督导内容之一，对高职院校是否将劳动教育纳入人才培养计划、劳动教育的实施情况及实施效果等开展督查和指导，对地方各级人民政府和有关部门保障劳动教育情况进行督导。将督导结果作为区域教育质量、学校及其主要负责人考核奖惩的重要衡量依据。其二，形成多元化的评价体系。在评价主体的确定上，采取自评与他评相结合，学生作为自评主体的方式，家长、学校（含管理人员、教师等）和社会都可作为他评的主体；在评价内容的选择上，要涵盖理论课程、实践和日常生活劳动等三个评价类别；在评价方式的选择上，可采用阶段与全程性相结合的考核，也可通过劳动作品展示、劳动技能竞赛和日常观察等方式考核；在评价标准的确定上，既要注重劳动态度、劳动价值观等定性的评价，又要考虑各项定量指标。多元化的评价体系依托于家长、校内各部门及校外实践基地共建共享共管的学生劳动教育数据库，将学生参加家庭劳动、劳动课程及校内校外劳动实践活动情况形成电子档案，作为考核的依据。其三，建立健全劳动教育激励机制。高职院校应将劳动教育教学成果纳入各级教育教学成果奖励评定中，形成一批有特色、示范性、可借鉴的劳动教育教学成果，在高职院校、家庭和社会中选树一批劳动教育先进典型、案例，并组织开展相应的经验交流、成果展示和新闻宣介活动，激发教师、家长和社会各界协同支持劳动教育的动力。

新时代劳动教育在人才培养中的价值不言而喻，劳动教育不仅贯穿于大中小学各学段的长期过程，也是涉及家庭、学校和社会的多场域教育活动，在劳动教育的场域中，需要家庭、学校和社会切实承担各自的教育责任和使命，构建教育共同体，汇聚同向同行的教育合力，为劳动育人打下坚实的基础。

第四节　劳动教育与劳动体验锻炼相结合

任何课程改革都需要优先考虑课程的价值问题，发挥价值哲学的引领作用。课程价值是课程对学习者个体成长和社会发展需要的满足，不同课程的价值观决定着不同的课程价值取向。劳动教育课程价值在于既能满足学习者个体成长的需求，又能满足社会发展的需要，它是劳动教育理论研究的逻辑起点。新时代背景下，劳动教育课程倡导"以人为本"的理念，关注学生劳动价值观和劳动素养的培育，而这需要在学生的劳动体验中得以落实。因此，本研究尝试探索劳动教育课程的价值取向，进而结合劳动价值实践的属性，基于劳动体验的视角探析劳动教育课程遵循的价值本质，追寻劳动教育课程价值的时代取向，提出劳动教育课程价值的实现路径。

一、劳动教育课程价值的取向

从小学至高中应设置综合实践活动并作为必修课程，其内容主要包括信息技术教育、研究性学习、社区服务与社会实践以及劳动与技术教育。综合实践活动课程重视学生实践意识与能力的提高，要求在课程实践中提升学生探究问题、分析问题与解决问题的能力，并不断发展学生综合运用知识的能力素养。

在新的时代背景下，劳动教育似乎不再仅仅囿于政治的需求、经济的支配，而是开始探寻新的取向。21世纪，劳动教育必须得到重视，这既是为了助推国家创新体系的发展，也是为了中华民族伟大复兴中国梦的实现。

人本取向是新时代我国劳动教育课程价值的新要求，体现了劳动教育课程价值的本质。劳动教育要回归人本取向，即关照人的劳动体验，将人的劳动回归其自身的生活世界中。

二、劳动体验视角下劳动教育课程价值的本质和意义

（一）劳动体验的本质

劳动体验是现象学研究的出发点和归宿。在狄尔泰看来，我们生活中直接的、先于反思的意识是劳动体验的最基本形式，作为意识，它具有自发性和反射性，并未意识到自己的存在。同时，劳动体验具有一定的时间结构，不可能通过即时的现象去领悟，而只能基于过去的存在来反思和理解，对劳动体验意义的理解往往是那些不可能从完全的广度和深度上来掌握的东西。

具体来说，现象学的主要目的是以文本的形式将劳动体验的实质描述和表达出来。基于这种转变，读者拥有了对于有意义事物的重新体验和反思性理解，通过文本，读者的劳动体验被充分激活，产生了与文本的"对话"。但其实，现象学研究过程中的挑战，在于从叙述文本中得出现象学解释和诠释。显然，现象学工作不能通过主题界定来完成。主题只是对诠释性描述的抽象，而这些诠释性描述必须通过主题的帮助得以建构，这就需要解

释学来完成。

解释学就是对劳动体验的表述和对象化文本的解释性研究，并试图以此决定蕴含于劳动体验中的意义。文本的观念作为一种意义分析的隐喻性工具，我们需要做的是检验这些文本是如何被社会性地建构起来的。在人文科学研究中，将现象学（如生活经验的纯粹描述）与解释学（如通过一些"文本"或一些象征性形式对经验所做的解释）加以区分是可能的。两者交叉重叠，叠加的是对一个人生活的建构，假如没有我们反思地关注生活意义这种戏剧性的难以表达的元素，那么现象学就没有存在的必要。现象学描述就是文本解释和解释学，关于文本的思想引发了多元解释甚至冲突性解释的概念。因此，劳动体验是基于现象学与解释学两个理论来建构的：现象学是对劳动体验（现象）的描述，描述是基于文本的，解释学是对文本的进一步反思，赋予现象学所亲历的体验或经验以生活意义的解释。同时，个人经历和体验的世界并不是单一的、纯粹的，而是多重的、情境性的、多元的，且逐步形成和丰富的个人生活世界体验圈，因而，解释学文本可以赋予整个人的生活世界意义。

（二）劳动体验视角下劳动教育课程的价值和作用

劳动教育的本原并不是通过命名或概念化就能为我们所发现、建构或辨认的。毋宁说，正是这种本原的思想意味着劳动教育必须由原始经验回归，这就意味着要让精神回到其原初的真实体验状态，要重新获得与学生共同的生活世界的联系。基于劳动体验的本质，劳动教育课程价值的彰显是基于现象学和解释学两个理论来建构的。

作为劳动教育的主体，学生经历着与他相关的劳动教育劳动体验，而现象学将这种劳动体验的实质以课程的形式表述了出来，这种课程是全面的、分析的、具有启发力的，其本身具有一定的思想性，具体表现为课程计划、课程标准以及教材。通过课程，学生自己的劳动体验就会被充分激活，产生与课程的"对话"。因此，现象学理论中的劳动教育课程是直接被体验和感知到的，但更具挑战性的是对课程加以解释和诠释，赋予劳动课程一定的价值与意义，这就需要解释学发挥作用。

解释学就是教师对学生劳动教育劳动体验的课程进行解释性理解和建构，并试图发现蕴含于劳动体验中的意义。而课程的价值作为一种意义分析的隐喻性工具，我们需要做的是检验这些课程是如何被社会性地建构起来的，并将其还原于学生的劳动体验，让其在自身真切的体验与感知中获得劳动的乐趣与美好价值，从而更好地促进劳动教育活动的开展与实施。只有学生真正感受到所体验的劳动活动的意义，才会在不断的劳动活动过程中将体验内化，并在日常生活世界、专业生活世界及社会生活世界中共融共通，形成开放性的劳动体验圈。由此，劳动教育才能促进学生情感的升华、意志的磨炼、习惯的养成以及劳动知识与技能的获得，最终形成学生积极的劳动价值观。

三、劳动体验视角下劳动教育课程价值的时代追求

（一）基于马克思主义原理的劳动教育课程价值

马克思主义劳动观是界定和认识劳动教育的基石。在马克思看来，"劳动与其说是一个经济学概念，不如说是一个哲学概念"。具体来说，首先，在人与自然的关系中，劳动作为人类存在和发展的根本前提，既满足了人的生命活动需求，又创造了人本身。其次，在人与社会的关系中，人的劳动离不开社会，劳动是处于一定社会关系之中现实的人制造使用价值有目的的活动。同时，劳动增强了人的社会性，现实的人的劳动总是在一定的社会关系中展开的。最后，在与自身的关系中，人通过劳动创造了自己，又在对象性活动中创造和发展了人自身。其实，人的本质活动就是劳动，劳动究其本质就是人的实践，在人类社会实践与劳动发展的过程中，产生了教育。综上可知，教育的起源来自于人类的劳动、人类的社会实践活动，所以才说教育的本质是劳动。

劳动教育本身就是一种实践和体验活动，无论是创造价值的劳动教育，还是丰盈自身的劳动教育，都需要学生在劳动体验中亲身经历、着手实践，只有这样，才能回到劳动教育最初的起点——"劳动"。因而，对于劳动教育课程价值的理解要回归到马克思主义本身，回归到劳动教育的起点，即劳动这一劳动体验本身。

（二）基于社会主义核心价值观的劳动教育课程价值

劳动教育课程价值是社会主义核心价值观的应有之义，其中包括对劳动教育课程价值的本质判断，以及对社会主义核心价值观中所蕴含的课程内容之透彻与深刻的诠释。具体来说，第一，劳动教育课程的价值取向与社会主义核心价值观的价值理念基本契合。社会主义核心价值观在国家层面的准则是"富强、民主、文明、和谐"，这与劳动教育课程的价值取向深度吻合。第二，劳动教育课程价值的内容与社会主义核心价值观的内在本质相融合。劳动教育课程中让学生所体验的岗位意识与职业精神、进取精神与拼搏精神、创新精神与家国情怀等内容，正是对于社会主义核心价值观的生动呈现与深刻诠释。从这个角度来看，社会主义核心价值观和劳动教育是相通的。一方面，学生在劳动教育课程中所经历和体验的要用社会主义核心价值观去系统地诠释，并以其作为高位价值观引领劳动教育课程的价值，从而更好地实现劳动教育课程的育人价值；另一方面，劳动教育课程要融会贯通社会主义核心价值观的基本内容与价值选择。社会主义核心价值观在个人层面、社会层面和国家层面的准则，都要以课程的形式贯穿在劳动教育之中，从而更好地彰显社会主义核心价值观的价值旨归。

（三）基于人的全面发展的劳动教育课程价值

"人的发展论"坚持了马克思关于人的全面发展学说，把教育的育人功能提到了应有

的高度。人的全面发展教育往往是将德智体作为教育的主要方面，或者将美育添加为教育的另一个主要方面，但是没有注意到劳动教育的基础性作用和地位。现在要将劳动教育融入到德智体美教育的全过程之中，并且改变劳动教育与其他教育相互对立或者相互分离的认识，创新发展德智体美劳五育并举的教育理念。劳动教育是人的全面发展的起点和落脚点，其在五育中具有基础性、融通性、统领性的作用。教育的本质是培养全面发展的人，而全面发展的人必须回归到人的生活世界中，正如杜威所说，"教育即生活"。在他看来，最好的教育就是"从生活中学习"。劳动教育在五育中起着桥梁作用，其作为五育的重要组成部分，能联通人的生活世界，通过劳动体验使教育的育人目的——培养德智体美劳全面发展的人，最终回归生活和实践。

以马克思主义基本原理中劳动价值的本质的相关内容作为哲学基奠，进而探讨社会主义核心价值观下的社会价值与人的全面发展观下的个人价值是劳动教育课程价值的时代诉求，是劳动教育课程价值的应然走向。劳动体验视角下，劳动教育的课程价值基于对学生现实生活中体验和经历的关照，并将其上升到对劳动价值观的培养，最终达成对学生生命的关照。

四、劳动体验视角下劳动教育课程价值的实现路径

（一）政府确立与贯彻

作为劳动教育课程管理的主体，教育行政部门以及国家权力机关应依法履行管理、规范与监督的职能。具体来说：首先，教育行政部门要在广泛调研的基础上，针对实际发展情况，尽快出台全面化、多主体、多层次的劳动教育课程规章制度与文件，从政府层面出台劳动教育的政策文本，尤其要关照课程实施与活动设计的相关内容，从而更好地保障劳动教育的课程地位，使社会公众加深对劳动教育课程价值的认识。其次，教育行政部门应尽快完善课程标准、课程计划、课程大纲以及教材体系，严格规定劳动教育的课时量、课时安排及教材应用要求，从而使政策文件所规定的培养目标有所依据，为学校更好地开展劳动教育课程提供政策导向与实施抓手。再次，教育行政部门可牵头建设和发展劳动教育基地，拓宽学生的劳动活动空间，使劳动教育课程与学生的生活紧密相连，化劳动教育为劳动体验，从而回归劳动教育课程的育人本质，真正达到培养学生劳动技能与劳动习惯的目的。最后，教育行政部门要发挥各部门间的统筹协调作用，不断监督、论证、设计并完善劳动教育课程体系，形成系统、高效、人本化的劳动教育课程评价的价值取向，从而巩固劳动教育课程开展与实施的成果，形成广泛而深刻的社会支持力，提升劳动教育课程价值的正面作用，扩大其积极影响。

（二）学校主导与落实

学校作为劳动教育课程实施的关键主体，对于实现劳动教育课程价值发挥着举足轻重

的作用。具体而言，第一，教师作为学校实施劳动教育课程的主体，是落实劳动教育课程价值的主要因素。教师要具有系统化、多维度的课程意识及以人为本的课程观，即教师要以当今时代为指引，发展自己的劳动教育课程主体意识、课程理解意识、课程实施意识、课程生成意识以及课程资源搜集和开发意识等。同时，教师要通过丰富的课外活动、校园文化建设及教学智慧来彰显"学生本位"的课程意识。另外，教师应该在不断丰富知识与提高教学技能的同时，扩大自身的视域，加强与其他教师的交流，善于反思，更好地提升教师的创新能力、实践能力以及劳动教育素养，进而更好地实现劳动教育的课程价值。第二，学生是体验和感受劳动教育课程的关键主体。在体验劳动教育活动与课程实践的过程中，学生是具有内在学习需要的主动学习者，因此，学生要建立积极的认知倾向和情绪状态，坚定自己的学习目标和意义，并形成积极的学习态度和敬业精神。同时，学生要把握自身经历和体验到的劳动教育课程内容，丰富和发展自己的潜能、创造力以及劳动技能和素养。第三，在劳动教育课程体系的建构过程中，要融入和贯穿课程价值，回归学生的劳动体验。在课程理念方面，要回归学生的生活世界，提升学生的主体意识；在课程目标方面，要满足学生的生活需要和学习兴趣，建构学生的可能生活；在课程内容方面，要联系和统整学生的认知劳动体验、日常劳动体验与审美劳动体验，设计和组织弹性化的教学内容；在课程实施方面，要凸显学生主体性，改进教学方式，实现交互和对话；在学习方式方面，要倡导学生积极体验和感悟，建构多元活动课程；在课程结构方面，要建设和开发系统化、个性化及主体性的"课程超市"，使每位学生的自主选择、自主发展与自主体验都能得以实现；在课程评价方面，要关注学生劳动体验的过程性、动态性，重视多元化的评价方式，可考虑将劳动教育课程的评价纳入整体评价体系之中，探索建立校内的劳动教育评价机制。

（三）家庭理解与参与

家庭的有效参与是实现劳动教育课程价值必不可少的因素，家长的支持与理解是学生劳动教育价值观培育的落脚点。一方面，家庭作为一个整体，要积极地认识和理解劳动教育的课程价值，具体表现在：了解课程改革的背景，感受劳动教育的课程理念，认识劳动教育的课程目的，明确劳动教育的课程目标，参与劳动教育的课程实施，关照劳动教育的课程评价，帮助学生获得积极的劳动教育体验；另一方面，家庭要配合与参与学校实施劳动教育计划，积极地引导学生开展劳动教育体验，将劳动课程体验贯穿学生的实际生活，并对学生的劳动结果呈现予以观察和记录。

（四）社区资源开发与利用

2015 年，由教育部、共青团中央和全国少工委倡导充分利用社区劳动教育资源，重点提到要"结合研学旅行、团日队日活动和社会实践活动"，组织和引导学生学工学农。社区的劳动教育课程资源对实现其课程价值具有极其重要的作用，它可以丰富劳动教育课程资源，拓展劳动教育课程实施的时空，促进教师教学内容的更新换代和活动开展方式的多元化，满足学生自主发展的个性化需求，树立学生正向的劳动价值观。对其运用要把握以下几点：第一，对于社区中的劳动教育资源要注意开发和整合，要筛选有利于实现课程价值的教学内容，使其满足学生的兴趣爱好和劳动体验的需要，并将其引入校本课程的建设之中；第二，将专职教师或辅导员引入劳动教育课堂中，并通过教师间的网络化交互学习，提升劳动教育素养，专职教师也可以在自己的课程中加入劳动教育的要素，补充一些实用知识；第三，引导学生走向社会，亲身观察和体验，实地走访和调研，也可以在一些综合实践教学基地及劳动教育场馆学习和实践。这些都需要深刻把握学生的身心发展需要，以学生的全面发展为旨归，突显社区劳动教育课程资源的独特价值。

　　总而言之，全社会各主体、各区域要健全劳动教育的课程实施和管理机制，形成教育行政部门、学校、家庭以及社区的合力，促进多方联动。这种多层实施和管理机制是由多维目标、多元主体、多样化内容等构成的劳动教育课程实施体系，重点关注劳动体验视角下劳动教育课程体系的建构与创新，最终实现课程价值的时代诉求。

第五章　贯穿四大要素

第一节　贯穿劳动意识

本次高职生劳动意识培育现状调查采取网络问卷的形式进行，一共回收了744份有效问卷。问卷调查总共有32道题目，分为调查对象的个人信息和调查内容两个部分，问卷调查具体内容还包括学校、家庭、社会以及高职生自身四个方面。为了使研究样本具有代表性，选择了中东部地区各个省市、各种档次的高等院校开展研究，包括重点高职院校和普通本科院校；调查个体包括高职生和研究生。

被调查对象"出生地"比例：农村为47.71%，城镇为27.69%，城市为24.6%；独生子女比例为40.19%。学历层次：本科生为88.58%，研究生为10.08%，其他1.34%。目前就读学校类型：工科比例为72.98%，文科3.49%，综合性大学23.39%，艺术、体育类0.14%。从被调查对象"出生地""独生子女比例""学历"和"目前就读的学校类型"等四项基本信息看，本次调查对象主要来自农村和城镇；超过半数不是家里的独生子女；大多数是目前在读的本科生，且主要是在工科类院校就读。

一、高职院校高职生劳动意识培育的"弱化"

进入新时代以来，面对我国发展新的历史方位，劳动意识培育的重要性愈发地凸显出来。调查分析发现，高职院校高职生劳动意识培育虽然成效明显，但存在一个突出问题——高职生劳动意识培育被"弱化"。

不开设劳动课程。"是否开设了劳动课程"的调查结果显示，有超过30%的被调查对象回答就读的学校没有开设劳动课程，还有将近50%的调查对象不清楚就读的学校是否开设了劳动课程。关于"目前您就读院校每学年是否有劳动周或劳动月"，有34%的被调查对象回答就读的学校没有劳动周或劳动月。"您目前就读院校是否有配套的劳动实践场所或实践基地"调查结果显示，有近22%的调查对象回答就读的学校没有配套的劳动实践场所或实践基地。

调查显示，有近30%的调查对象回答就读的学校没有配备专任的劳动教育教师，从整体来看，配备了专任劳动教师的高职院校较少。

在回答"您目前就读院校每学年是否会举办各种形式的劳动教育活动"时，有一半学生表示其就读院校每学年不会举办劳动教育活动。

二、高职生劳动意识培育"弱化"的原因

导致高职生劳动意识培育存在"弱化"问题的原因是多方面的，包括家庭、高职院校及社会等三个方面。

（一）家庭方面

第一，劳动教育理念的不正确。劳动价值观，是指人类对劳动的基本认识和态度，它由人类对劳动的目的、价值、意义和态度等方面的基本内容所组成，是人类世界观和人生观中的主要部分。部分父母对劳动教育的认识有偏差。家庭是青年高职生第一个受教育的地方，而家长又是青年高职生的第一位教师，因此父母的教育思想和对劳动教育的态度，直接影响了青年高职生对劳动的态度和观点。然而当前我国高职生很多都是独生子女，同时，在我国当前应试教育的教育体制下，部分父母也存有着把"劳力与学业对立"的思维，并且对体力劳动也有不同程度的错误认识。在以上多种原因的影响下，父母普遍负担了全部家庭劳动，没有很好地对青年高职生进行劳动教育。这种对青年高职生的过分关怀，造成了必要的劳动锻炼在社会家庭日常生活中被忽视。不少高职生劳动意识淡漠，甚至劳动态度消沉，更不能形成一种较好的劳动习惯。

第二，劳动教育方式不科学。当前家长对青年高职生的劳动教育方式不科学，普遍采取"一刀切"的方法，甚至劳动成了家长惩罚青年高职生的一种手段，这明显是不利于对青年高职生进行劳动教育的。"时代在前进，社会在发展，人类的生存格局比较过去有了巨大的改变，但家庭在经济社会发展中的关键地位始终没有撼动，家庭建设不能放松。必须始终立足现代社会发展的特点，坚持弘扬和发展中华民族优良家庭道德，特别重视好家风在家庭构建和经济社会发展过程中的重大影响。"家庭教育要形成尊重家庭劳动的优秀家风，而父母也要通过日常的言传身教、潜移默化，使广大青年高职生都形成从小爱劳动的良好习惯。

（二）高职院校方面

第一，劳动教育形式单一。劳动教育内容过于单一，劳动教育形式也较为单调，这一现象是目前各高职院校高职生劳动意识培育中存在的主要问题，也是高职院校目前对劳动教育最需要加强的地方。目前高职院校多是通过让高职生从事单纯的体力劳动开展劳动教育，而缺少对与社会劳动有关教育理论内容的传授，而这些劳动形式又削弱了高职生自身对社会劳动的浓厚兴趣与热爱程度；第二，劳动教育考核体系不健全。根据调查问卷的结果，只有近30%的被调查对象就读的院校具有健全的劳动教育考核体系，超过20%没有健

全的劳动教育考核体系，还有近50%的调查对象表示不清楚就读院校是否有健全的劳动教育考核体系。可以看到大多数的学校是没有完善的劳动教育考试系统的。然而，完善的劳动教育质量考评系统对于高职生劳动素质教育也有着重要意义，因为它可以使高职生知道劳动的真正意义，并且使高职生意识到劳动教学并非可有可无的。高职院校进行劳动教学的质量考评，对于劳动教育教学质量的提升，以及对于高职生正确劳动价值观的建立、良好劳动习惯的培养等都有着积极的意义。

（三）社会方面

第一，劳动教育平台不足。当前社会上真正适合高职生开展劳动教育活动的平台相对较少，同时在这少数的平台中可以真正有效服务于高职生劳动教育的也很少，主要是由于高职生劳动教育的特点，比如劳动教育的周期短、高职生自身的安全因素等等各方面，给其带来了一定的麻烦。比如机械专业的学生进入工厂实习，由于厂方知道他是来厂里进行过渡实习的，不可能久待，因此并不愿意花费时间精力去重新培养新人，以及出于安全问题考虑怕给厂方带来麻烦，因此拒绝高职生进行实习的请求。第二，正确的劳动价值观宣传不充分。当今社会普遍充斥着轻视体力劳动、劳动挣钱论的劳动价值观念，甚至整天幻想能不劳而获、一夜暴富，社会没有充分引领正确的劳动价值观念深入人心。

三、高职院校培育高职生劳动意识的策略

（一）坚持四项基本原则

高职生劳动意识培育应坚持"四项"基本原则：一是在教育目标上，应坚持思想引领和劳动技能相结合；二是在教育方法上，应坚持遵循教育规律与劳动规律相结合；三是在教育内容上，应坚持传统劳动与新型劳动相结合；四是在教育评价上，应坚持过程考核与结果考核相结合。

1. 坚持思想引领和劳动技能相结合

在教育目标上，高职生劳动意识培育应坚持思想引领和劳动技能相结合，突出价值塑造。青年高职生劳动意识培育，作为高职院校教书育人工作中的重要内容，有着鲜明的社会主义劳动思想教育价值属性。做好青年高职生自身的劳动意识培育，着力于将青年高职生自身培育成为勤勉劳动、勇于劳动、热爱劳动的优秀人才，是新形势下党和国家对教育工作的重大需求。要将社会主义核心价值观教育纳入我国青年高职生社会主义劳动意识培育的全过程，充分挖掘我国青年高职生社会主义劳动意识教育中深刻的社会主义思想教育内容，积极打造一些具有思想性、知识性、教育意义的劳动实践项目，并采取多种形式，积极培育我国青年高职生的创新精神和劳动实践能力，做到以劳育德、以劳增智、以劳强

体、以劳育美，为造就新时期德才兼备的高职生打下坚实基础。

高职生劳动意识培育，坚持思想引领和劳动技能相结合的原则要把握两方面。一是思想引领为先。教育的基本使命任务就是立德树人，即要将青年高职生培育成为实现中华民族伟大复兴的中坚力量。立德树人，"德"字当头，立"德"为本。为此，新时代高职生劳动意识培育过程中，应树牢生以下劳动观念：第一，热爱劳动、辛勤劳动的意识；第二，服务社会、奉献社会的价值取向；第三，端正的劳动态度、爱护劳动成果。二是兼顾劳动技术。有"德"还要有"才"。新时代高职生如果无"德"就是危险品，如果无"才"就是次品。

2. 坚持遵循教育规律与劳动规律相结合

在教育方法上，高职生劳动意识培育应坚持遵循教育规律与劳动规律相结合，注重因材施教。高职生劳动意识培育，首先要遵循教育规律。比如对不同的教育对象，劳动教育的具体内容有差异。对于大一学生，通过指导学生参与个体业务劳动、校内公益性劳动，锻炼学生独立的生存能力，并培养正确的劳动习性，从而有助于学生迅速应对大学日常生活；针对大二学生，以社会实践教学与专业知识学习为主，通过促进理论知识学习和社会劳动实践教学相结合，逐步建立学生对当前专业发展趋势的理性认识，增强学生对祖国建设巨大成就的自豪感、对人民生活水平提高的幸福感，进而热爱劳动；针对大学三年级学生，结合专业实际情况，围绕提高科研能力与意识，培育高职生至诚报国的志向，追求卓越、敢为人先的科学研究精神、探索革新的进取毅力，认真严格、实事求是的科学研究作风；针对大四学生，以推动高职生就业为目标，通过加强职业实习和社区适应能力，确定职业方向，并指导高职生在祖国发展建设最需要的地区建功立业。其次，要遵循劳动规律。劳动意识培育要循序渐进，对高职生进行劳动技能培训时，应先培训简单易于操作的，再培训复杂有难度的。

3. 坚持传统劳动与新型劳动相结合

在教育内容上，高职生劳动意识培育应坚持传统劳动与新型劳动相结合。传统劳动和新型劳动在能力要求、生产周期、劳动时间、风险程度、创造价值等五方面有显著区别。传统劳动对劳动者的能力要求简单，劳动的再生产周期短，劳动时间是确定的，劳动过程中风险程度很小，在创造价值方面相对较低。新型劳动对劳动者的能力要求复杂，劳动的再生产周期长，劳动时间是不确定的，劳动过程中风险程度很大，在创造价值方面相对很高。正是源于传统劳动和新型劳动的巨大差别，其对高职生劳动意识培育的功能也必然不同，所以在教育内容上需要将传统劳动和新型劳动两者结合起来。一方面，开展高职生劳动意识培育需要进行传统劳动教育。传统劳动特点是动作单一、多次重复、高度机械的体力劳动方式，也因此在传统劳动中，要求肉体的耐心、意志、艰苦、劳累；另一方面，高职生劳动教育更需要新型劳动教育。新型劳动特点是动作复杂、多种类型、灵活多变的脑力劳动为主。

4. 坚持过程考评和结果考核相结合

在教育评价上，高职生劳动意识培育应坚持过程记录与结果考核相结合。新时代高职生劳动意识培育需要进行正确、全面、系统的评价，以评促"效"，其中坚持过程记录和结果考核相结合是行之有效的评价方法。过程记录就是将高职生四年学习中劳动教育情况清晰地记录在案。一般分学年、学期，将高职生劳动学习内容、学习时间、学习形式连续性地记载入高职生个人档案。过程记录可以反映高职生参加劳动教育的真实情况，客观详细。结果考核即是对高职生参加劳动的情况给予等级评定，一般可分为优秀、良好、合格、不合格，也有按百分制评分的。结果考核对高职生劳动效果进行肯定性或否定性评价。过程记录注重高职生的劳动态度和能力，评估内容主要集中在高职生劳动过程中的行为、努力程度和劳动态度，它有利于营造一种比较感性、和谐的劳动氛围。结果考核注重高职生劳动教育的最终结果，以劳动教育结果为导向，评估内容主要集中在高职生劳动教育的实际效果，它营造的是一种比较理性、结果导向的文化氛围。为了全面评价高职生劳动意识培育的效果，需要将平时过程考核和期末的结果考核紧密结合。

（二）建立系统的高职生劳动教育体系

高职院校培育高职生劳动意识除了坚持"四项"基本原则，还要构建系统的劳动教育体系。高职生劳动意识培育应从完善劳动教育课程设置、广泛开展社会实践、健全劳动教育考核体系等三方面构建系统的劳动教育体系。

1. 完善高职生劳动教育课程设置

高职院校应科学合理地设置劳动课程。要在培养的目标体系、课程体系、劳动教育流程等方面建立劳动教育育人的架构，必须首先确定劳动教育系统模块中对基础知识、素养与能力的具体发展评价指标与条件，然后明确劳动教育的培养目标，并由此来指导课程体系与考核体系的设定，从而进行具体化的教育教学，以建立完整的劳动教育体系。

一是设置劳动教育必修课。教学形式主要由课内和课外两个部分组成，课中内容主要以劳动教育基础理论课程为主，包括对劳动教育的理论起源、发展过程、本质属性等方面加以介绍。课外主要围绕着校园清洁、安全执勤、助研助教或社团活动等进行各种等同于必修课的劳动实践活动，成绩计入学分。高职院校还应当设定劳动教育学分，并将劳动教育学分视为正式学分，与学校的毕业证书颁发相挂钩，并规定在校生毕业前应当按照规定的劳动教育时限，完成学校规定的劳动教育内容，以推进学生劳动意识培养。

二是学校要充分挖掘课程中的劳动意识培育元素。劳动意识培育课程的开发和利用不是劳动教育的全部，在非劳动意识培育课程中也蕴含着劳动的因素以及劳动的需要。因此，高职院校应该强化劳动意识培育在各专业中的渗透，也应当把劳动意识培育渗透到各学科教学、思想政治理论课、高职生就业服务辅导课堂、社区实践教学以及校园文化建设之中，在思想道德、法制、就业服务等多方面，广泛培育高职生劳动意识。

2. 广泛开展高职生劳动实践活动

（1）校内实践活动。首先，高职院校应积极组织学生进行丰富多彩的校内劳动。丰富多彩的校园劳动实践是激励青年高职生劳动兴趣与激情最有效的方法，是劳动意识培育必修课的重要补充与延伸。而相比于学校劳动理论课来讲，校园活动有着更良好的参与性和体验性，能够促进青年高职生把劳动理论与劳动实际紧密结合，学以致用、知行合一。比如，高职院校积极组织举办劳动专业技能比赛和劳动知识竞赛，让高职生自觉地积累劳动理论知识，并引导高职生把劳动理论知识灵活地运用于校内劳动。组织举办"高职生劳动周"等社会活动，发展校内劳动教育型协会，探讨构建微型"校内农庄"制度，以年龄、班为单元，通过高职生轮值轮岗种植栽培粮食作物、绿植花草等方法，以提高高职生的社会劳动责任意识。同时，可以开展如室内设计、勤工俭学、废品再造、生活器具修理等内容的兴趣小组，以提高高职生的自主劳动意识与创新能力。要将校内见习与实训、勤工助学、校内绿化、学校保洁、保安执勤等工作方式的理解和应用、集体劳动的工作方式与技能、集体劳动组织策划等工作项目标准化和理论化，进入教学走进课程。开辟高职院校学生宿舍、课堂、餐厅、图书室、行政管理等工作内容，安排充足的校内实践活动。

其次，高职院校应建设高职生劳动教育网络平台。高职院校要跟上网络时代的发展，创造劳动意识培育的网络平台。积极发展线上创新性教育网络平台，线上线下协同发力。比如，在2014年由桂林电子科技学校首倡，多家高职院校联合发起的广西漓江学校秉承"以身作则、才能至上、手脑合用、知行合一"的教育理念，以培育青年高职生自身的创造力、提高高职生的实践动手能力为主要目标，线上打通多校优质教学资源进行网上视频课程、虚拟仿真实验，线下依托学院为网络平台进行综合教学实验、课堂比赛，形成"网上教学、虚拟仿真、综合教学实验、课堂比赛"的四位一体，线上线下交互、虚拟现实融合、校企合作的学科教育创新性发展模式。该工作项目吸引了许多青年高职生的参与兴趣，既增强了创新实践能力，也提升了高职生对专业技能的掌握。

（2）校外实践活动。高职院校应大力开展校外的劳动实践教育。社会是劳动意识培育的重要主体，社会中蕴藏了大量的劳动教育教学资源。高职生劳动意识培育应注重利用社会劳动教育教学资源，努力打造校外的劳动意识教育教学基地。

第一，高职院校应通过"校企联合"模式、"校地合作"形式，与当地企业和地方政府进行协作，增加高职生校外劳动实践基地。高职生的劳动意识培育也不应该局限在校园内，可走出去，在校外开展一些社区实践活动，以志愿服务等多种形式展开，从而更加充实劳动的内涵与表现形式。比如山西吕梁学院开展了公共服务型劳动教育，主要通过安排师范生与中小学、幼儿园教师顶岗置换，服务一线教师进修培训；通过让高职生进入工业实践基地，服务社会工业生产，培养师生吃苦耐劳的"吕梁精神"。

第二，高职院校应当科学合理地研究设计并规范高职生在校外的社会劳动实践与教学方案。根据高职生在各个阶段的学业要求和发展需要，通过科学合理设计，规范校外劳动实践教学方案，以提高职院校外劳动实践的教学效果。同时高职院校也要注重合理布置和设计校外劳动教育作业，并通过学生每日打卡、校内自评、校内评估等方法，鼓励高职生通过社会实践、专业服务、公益劳动等培育劳动意识。

第二节　贯穿劳动品格

随着中国特色社会主义进入新时代的新发展阶段，国家对教育改革与发展提出了许多新要求。重新审视劳动教育的地位和作用，并将其作为落实立德树人根本任务的有效途径，就是深化学校教育改革的一项新的重要举措。

生产劳动作为社会实践活动，对人的品格的形成同样具有关键性作用，学校应当把"劳动教育与德育、智育、体育和美育的对立都辩证统一于培养自由全面发展的人的教育目的"，通过劳动教育塑造学生健全品格，真正实现人的全面发展。

一、劳动教育与学生品格形成的关系

劳动教育是一个动态的概念，它的时代跃迁与劳动的形态息息相关。随着社会的不断进步，劳动的形式、结构等变得愈发复杂，因此，人们对劳动教育概念的理解也在不断丰富和发展。在系统的文化知识学习之外，要有目的、有计划地组织学生参加日常生活劳动、生产劳动和服务性劳动，让学生动手实践、出力流汗，接受锻炼、磨炼意志，培养学生正确的劳动价值观和良好的劳动品质。由此可见，劳动教育的目的、内容、形式和价值取向等都被赋予了新的时代内涵，体现出新的要求。第一，劳动教育不以系统的文化知识学习为目的，重在培养学生正确的劳动价值观和良好的劳动品质。第二，劳动教育是让学生动手实践，通过生活、生产和服务性劳动接受锻炼、磨炼意志。第三，劳动教育不是随意的、可有可无的，而是有目的、有计划地组织起来的，是正规化、系统化的学校教育。第四，劳动教育重视教育的过程，强调学生动手实践，不是在课堂上"坐而论道"。因此，劳动教育作为一种"通过劳动的教育、为了教育而劳动"的育人活动，强调学生在实践过程产生的体验与感悟。第五，劳动教育的根本价值取向是"成人"，是"立德树人"，强调"价值观和良好品质"的养成。换言之，劳动教育是通过形成学生良好的品格，实现综合育人价值，进而把学生培养成"完整的人"。

品格是个人在社会化的过程逐渐形成的品质与素养。在亚里士多德看来，品格与德性相关联，德性可以使一个人变得更好并能够出色地开展他的活动。美国教育学者受亚里士多德的德性论影响，认为品格包含道德认知、道德体会与道德行为三个方面，提出"道德解剖体"品格模型，认为品格包括道德行为、道德价值观、道德人格、道德情感、道德推理、道德认同及其基本特征。显然，西方学者将品格作为符合道德标准的内在品质，是从认知、情感或情绪、意志、行为等方面来分析品格的素养。其中，认知与一定的文化背景紧密相连，在很大程度上受到文化的影响；情绪主要指当人受到不同事物影响时所表现出的多样情感，主要有道德情感、理智感等；意志则属于精神活动的一种；行为是知情意的外在表现，是一种实践行动。从中国传统文化及当代社会主义核心价值观来看，品格是一个人有别于他人的素养的综合表征，是个人生命中持久不变的独特气质。一个人品格如何，往往表现在做人、做事、共处等社会实践活动之中，彰显出一个人独特的文化、情感、精神以及实践品性。

长期以来，品格的形成往往是通过规训、约束、谈话等教育方式进行的，并不能真正有效地提升学生的内在品格，以致关于品格的教育问题总是被弱化、淡化，难以从根本上培养品性优良的"完整人"。随着当代社会物质至上、消费优先等功利主义思想的盛行，不劳而获的错误观念以及投机取巧等不良行为获得了生存的土壤，人的品格问题日益成为社会特别是教育关注的一个热点。于是，人们开始重新意识到品格的力量，认识到完善学生品格对促进学生全面发展的重要意义。可以说，如何培育学生的健全品格，已经成为学校落实立德树人根本任务的一项重要内容。众所周知，学校的德育、智育、体育、美育和劳动教育在学生品格的培养上各自发挥着不同的作用，学生品格培育的方式也是多种多样的。在美国，品格教育"采用了诸如合作学习、班级会议、冲突解决、服务学习、道德反思等方式"。突出实践、反思、体验、领悟等对品格形成的重要性。而这些被证明是有效的方式，都能见之于劳动教育。显然，通过加强劳动教育来培育学生完善的个人品格，使品格教育回归实践、回归生活、回归社会，具有特别重要的意义。

二、劳动教育对学生品格形成的作用

由于品格是个人综合素养的表征，在心理特点和社会行为方面都表现出独特的个人气质，因此，品格具有鲜明的文化烙印、情感特点、精神品质和实践特性。劳动教育作为品格教育的重要途径，可以通过品格特性的塑造，达成培养学生完善品格的目的。

（一）塑造学生的文化品格

从文化角度看，品格良好之人理应是具备一定文化基础的人。就学生而言，文化基础包括人文底蕴与科学精神两个方面的核心素养。劳动教育有综合育人的功能，对提升学生的人文底蕴与科学精神具有积极作用。

1. 有助于人文底蕴的养成

劳动教育不只是简单的肢体运动与肌肉训练，更应是通过劳动过程的实际锻炼去不断丰富学生的人文底蕴，进而塑造学生的文化品格。第一，劳动教育形成学生的人文积淀。劳动教育通过体验、制作、服务等动手动身的方式，引导学生在劳动中积累一定的人文知识与成果，并掌握多样的实践方法。例如，在传统工艺的职业体验过程中进一步了解工艺的起源、发展与制作等内容，既训练学生的"技"，又为其传递了"知"。第二，劳动教育观照学生的人文情怀。事实上，学生可以在劳动中寻找尊严、追求幸福。"劳动能给人以欢乐，充实人的精神生活，因为劳动是一种创造，在劳动中所展示的人的能力、禀赋和天才能够确立人的尊严感。"显然，劳动教育有助于学生在重复性劳动中找到新的乐趣；在创造性劳动中，追求自身的发展，彰显人文关怀的力量。第三，劳动教育培养学生的审美情趣。"按照美的规律来构造"是人类的特有品质，学校可以借助劳动教育，最大限度地强化这个特质，让学生理解劳动的美，使其能够创造出多样的劳动成果，也能在劳动过程中不断提升自己的审美能力。

2. 有利于科学精神的提升

随着科技的高度发展和人类文明的进步，劳动形态发生了翻天覆地的巨大变化，劳动教育的内容和形式随之发生变革。劳动教育不再只是借助简单的体力劳动来培养学生的品格，而是把培养的重点转向劳动实践中应有的质疑、批判、创新等科学的能力和精神品质。具体说，劳动教育关注的重点指向理性思维、批判质疑、勇于探究等方面的目标。

第一，以劳动磨砺学生的心智，提升其分析、综合、概括等理性思维能力，培育学生以理性判断善恶的品质。在当今多元复杂的生活世界里，劳动教育必须引导学生树立正确的善恶观，形成"劳动光荣"的价值观。第二，劳动教育为学生提供了更多合作、对话的机会，使其能够在劳动过程中质疑问难，逐渐具备问题意识和独立思考的能力，在创造优质劳动成果的同时形成一定的批判精神。第三，劳动作为人的存在方式、生活方式，是引导学生探索世界、改造世界的有效途径。唯有通过劳动，人们才能更好地探索未知世界。当今世界涌现出来的众多新兴产业，为在劳动教育中激发学生的好奇心和想象力并大胆探索提供了众多机会，从而帮助学生形成科学探究的精神。

（二）培养学生的情感品格

一个懂得爱自己的人才能产生出爱他人的能力。"我自己必然是我之爱的一个对象，就像其他人是我之爱的对象一样。"能爱他人在某些程度上就意味着能够爱社会。因此，从情感角度讲，品格良好之人必定具备爱自己、"爱人"及爱社会的情感品质，劳动教育则有助于培育学生的这些品质。

1. 爱自己情感的培育

就教育学立场而言，劳动的价值体现在它能够把学生作为自尊、自爱、自信的人再生产出来，这个再生产过程实际是教导学生追求自身幸福的过程。劳动教育引导学生在实践中观察周围世界和自己本身，让学生通过劳动意识到自己存在的意义与价值。换言之，劳动教育将有助于学生创设能够发现自己才能、智慧与力量的空间，并在这样的空间养成爱自己的情感品格。诚然，爱自己是有边界的，即它应该是合乎道德标准的，不能让个人的欲望无限繁殖与蔓延。爱自己的情感不同于动物的本能欲望，它是通向个人幸福的情感体验。

2. 爱人情感的培育

《论语·学而》有言："泛爱众，而亲仁，行有余力，则以学文。"孔子认为，为人子弟既要爱护有血缘的亲人，又要广泛地爱护众生。恻隐之心人皆有之。人的本性使人生来就具有一种能与同伴相处的天然联系，这种本性甚至在与他人发生冲突时都会促使人去考虑他人的需要。但这种本性在后天环境的作用下又存在着消失的可能性。因此，爱人的品质具有可教性。劳动教育是培养学生爱人的情感品质的有效手段，因为劳动教育在丰富人的关系属性方面大有作为。学校开展的劳动教育通常是集体性的劳动实践，这种集体活动有助于将人从封闭与孤立中解放出来，使学生在劳动过程逐渐意识到人类共生的必然性，明白只有在爱人的和谐关系中才能创造真正的幸福。所以，尽管劳动教育包含传递劳动知识与技能的一般性功能，但更重要的是，它能够帮助学生成为一个懂得尊重、欣赏、爱护他人的品格完善之人。

3. 爱社会情感的培育

马克思说："历史承认那些为共同目标劳动而自己变得高尚的人是伟大人物，经验赞美那些为大多数人带来幸福的人是最幸福的人。"如果一个人仅为自己的幸福而努力劳动，那他绝对不可能成为最幸福的人。以追求美好幸福生活为神圣使命的劳动教育，在培育学生爱社会的情感品质上大有作为，因为它致力让学生明白爱自己、爱人、爱社会的内在一致性。因此，新时代的劳动教育不仅是训练新型劳动技能以助推经济社会的发展，更重视劳动观念教育对社会文化与风气的影响，期望以此培育具备爱社会情感品质的新时代劳动者。

（三）陶冶学生的精神品格

品格是符合道德标准的内在品质，从精神角度看，一个具有良好品格的人往往有这样一些精神特质，如正气浩然、厚德载物、重义轻利等。概括来说，主要包含了对"我"而言的严于律己、对"他者"的同情共感，以及对"集体"呈现出的家国情怀三类特质。学校可通过劳动教育，涵养学生的精神品格。

1. 涵养严于律己的精神特质

浮躁与功利可谓当今社会之通病，一夜成名、不劳而获等思想大有蔓延之势，"劳动创造幸福"的观念被弱化，体力劳动更是被人轻视。由此产生的不良后果是，人们在追求物质利益的过程愈发放纵自我，对他人却愈加苛刻。抵制不良思想的侵蚀，须通过"劳动增强他的体格也磨砺他的思想"，让他的身体与心理都做好严格要求自己的准备。在劳动教育中，强调通过体力劳动让学生学会忍受身体上的"苦"，主张通过脑力劳动提高其智力、锻炼其毅力，提出以情感劳动平衡其心理，帮助学生律心、律言、律行，达致内心世界的和谐，养成严于律己的精神品格。

2. 涵养同情共感的精神特质

劳动教育带来的同情共感主要体现为个人对他人劳动成果的尊重，尤其是对体力劳动成果的珍惜。陶行知说："劳动教育的目的，在谋手脑相长，以增进自立之能力获得事物之真知，及了解劳动者之甘苦。"换言之，劳动教育锻炼学生体力、增长其智力，能够让学生体会劳动者的艰辛；明白不论是体力劳动还是脑力劳动，只要是有助于他人和社会发展的劳动都应被尊重，进而认识到劳动的价值。在缺少劳动机会的情况下，学生难以体会劳动之艰辛，因而很难做到同情共感。因此，劳动教育通过为学生提供劳动机会，让学生在了解并体验"他者"之辛劳的前提下，逐渐生成对他人的同情与关怀，进而陶冶其同情共感的精神特质。

3. 涵养家国情怀的精神特质

"天下之本在国，国之本在家，家之本在身。"（《孟子·离娄上》）先"运动身体，使之精神宽舒，以确保健康与精力"。在康健身体的基础上创造"小家"与"大国"之幸福，是劳动教育的重要目的。可以说，修身、齐家、治国、平天下的根本途径是劳动，通过劳动改变自己、改善家庭，进而改造世界，彰显劳动教育的价值。让学生在劳动中逐渐意识到自己对集体的意义，明确自己在集体中的责任与义务，形成集体荣誉感。同样地，让学生在劳动中创造劳动成果，懂得劳动对国家乃至全人类幸福的意义，是劳动教育的又一项重要功能。

（四）锤炼学生的实践品格

从实践角度而言，具有良好品格的人应该是充满实践智慧的人。在亚里士多德看来，具有实践智慧的人的特点就是善于考虑对于一种好生活总体上的善与益，实际就是具备了一种同善恶相关的，伴随理性且真实的实践品质。也就是说，具有实践智慧的人追求善的、幸福的生活，为过上这样的生活，他们在实践中往往能够做出理性判断，坚持求真创造。劳动教育对学生实践品质的形成，具有不可替代的重要作用。

1. 劳动教育帮助学生做出理性判断

实践证明，传统说教或以恪守规则为圭臬的教育方式，并不容易培养学生的理性思维。作为一种把握客观事物本质的能力，理性思维更需要在实际的劳动过程中逐渐生成，在改造世界的过程中把握规律，做出理性判断。因此，通过劳动知晓原理、掌握技艺，人的理性思维既能在此过程中得以证明，又能得到进一步提升。一方面，人们能够在劳动中证明自己的理性思维。通过劳动检验理性思维的现实性与力量性，以及在生活世界的合理性与合法性。另一方面，学生在劳动中可以受到针对性训练，使其在面对各种诱惑时做出合理判断。劳动教育可以帮助学生理解"劳动是一切财富的源泉"的真正含义，懂得"按劳分配"的科学意义，从而摒弃坐享其成意念。总而言之，受过良好劳动教育的学生具备独立思考的能力，能够在理性思考下进行事实与价值的判断，并致力于成为一个充满智慧的品格优良之人。

2. 劳动教育帮助学生进行求真创造

品格良好的人通常能够在求真创造上有所作为。求真创造不是简单的重复性劳动，不是随意的创造，也不是受利益诱惑的虚假制造。生活世界中一切机器的"最初"，都源于人类的求真创造。比如，最初的机车、铁路等，无不是人类创造性劳动的成果。马克思说："它们是人类劳动的产物，是人类的手创造出来的人类头脑的器官，是物化的知识力量。"也就是说，创造性劳动除了需要动手，更重要的是动脑。随着人工智能的不断发展，重复性劳动大多会被机器所取代，人类必然走向创造之境，将更密集地从事求真创造的劳动。在劳动教育中，劳动制作与劳动成果的享受，有益于激发学生的创造活力，使其在实践理性的引领下进行理性的求真、科学的创造。可以说，劳动教育为学生提供了接触现实世界的机会，促使其逐渐明白"创造性劳动已成为社会第一需要"的道理。

三、劳动教育促进学生品格形成的条件

学生品格的形成是一个长期过程，也是劳动教育追求的目标。在新时代的教育变革中，更好地发挥劳动教育对学生品格形成的促进作用，需要重塑劳动教育文化、构建劳动教育课程、优化劳动教育过程、改进劳动教育评价并建立劳动教育制度。唯有如此，劳动教育才能真正焕发出新的活力。

（一）重塑劳动教育文化

文化重建是文化自身吐故纳新、薪火相传、血脉相续的一个历史过程，这一过程更多的是与文化所赖以生存的社会的变革联系在一起的。劳动教育文化的重建显然是与当前社会正处于百年未有之大变局联系在一起的，所有的"变"都凸显劳动、劳动者的重要性。在过去较长一段时间内，"重智轻劳"的社会现象导致劳动教育文化的式微，进而造成忽视劳动教育价值的弊端。因此，重建劳动教育文化绝不是简单地重申劳动，其内在目的是重塑劳动地位、复兴劳动文化，进而发挥劳动的育人价值。在新时代，我们要善用新媒体倡导"天道酬勤"、"实干兴邦"等劳动文化，从学校、家庭与社会三方面达成共识，营造劳动育人的良好氛围，形成全社会重视劳动教育的新风尚。在中共中央宣传部组织拍摄

的《劳动铸就中国梦》中，便通过夹叙夹议的方式阐释了劳动的地位、价值与功效，不仅表达了劳动情怀，更凝聚了人心。

（二）构建劳动教育课程

劳动教育课程是学生品格形成的重要载体。过去对劳动教育价值的忽视导致劳动教育课程应有的地位被削弱，课程设置缺乏计划性与整体性，存在碎片化、表面化、游戏化的倾向。面对劳动教育的现实困境，构建劳动教育课程势在必行。新时代，劳动教育课程的构建应遵循以下四方面的要求。第一，符合教育部出台的《关于全面加强新时代大中小学劳动教育的意见》的要求，即"除劳动教育必修课程外，其他课程结合学科、专业特点，有机融入劳动教育内容"。也就是说，既要设置单独的劳动教育课程，又须强调不同学科课程、活动课程之间的有机整合，形成劳动教育合力。第二，结合当代社会发展的形势和要求。一般来说，学校课程的设置除了着眼于学生发展，还要充分考虑时代发展要求。劳动教育课程的构建应紧密联系人工智能时代的特点，思考如何在劳动教育课程中体现多元并存、新旧交融的新型劳动形态。第三，做到因地制宜。显然，拥有自然场域的乡村与依托各类场馆的城市，在劳动教育课程的设置上会有所差异。因此，各地应根据自己的实际情况，科学合理地设置劳动教育课程，增强课程的弹性，为课程内容的增减留下空间。第四，符合学生身心发展的规律。学生的认知、情感、身体等发展有其自己的规律和特点，劳动教育课程的构建应符合这个特点，顺应这个规律，体现出顺序性、阶段性、差异性等。

（三）优化劳动教育过程

劳动教育过程是，通过劳动让学生逐渐认识自身力量、能力与才干，切实发挥劳动育人价值的过程。以往的劳动教育，主要依托学校的劳动技术课程，强调教师言语引导下的短期劳动项目的达成。在项目实施过程，教师聚焦于学生劳动知识与技能的提升，对劳动价值观、劳动品质等内在素养相对忽视，因而对学生品格的形成未能起到应有的作用。要改变这一状况，实现劳动教育对学生品格形成的价值，需要优化劳动教育过程。首先，开辟劳动教育新途径。与生活世界、职业世界相关联的劳动教育，除了基本的学校教育外，还强调对家庭资源、企业资源及各类社会资源的挖掘。通过拓展可资利用的校外资源，为学生提供更具创造性、趣味性及互动性的劳动机会，以此帮助学生正确认识劳动教育对其发展的意义。其次，改进劳动教育的实施方法。劳动教育方法与劳动教育内容息息相关，劳动教育内容的演进决定了劳动教育方法的革新。在适当讲授法的前提下，教师更要重视情境体验、"做中学"等方法的运用，帮助学生形成积极的劳动态度与劳动情感。另外，尽可能排除不利于劳动教育开展的外部干扰因素。从事劳动教育的教师应保持专业意识与理性行为，不以是否参与升学考核为依据来对待劳动教育，同样也不要因为家长、社会的偏见而轻视劳动教育的价值，教师应积极为劳动教育创造良好的外部条件。归根结底，教师是优化劳动教育过程的关键所在。

（四）改进劳动教育评价

评价作为教育的重要环节，其本质是促进学生发展。劳动教育评价的重要目的是促进学生劳动素养的提升及品格的完善。过去的劳动教育评价，存在方式单一、工具简化、内容狭隘等问题，不利于凸显劳动教育的本真价值。因此，需要改进劳动教育的评价。具体来说，除了改进结果评价，还要特别重视过程评价。从某种意义上说，过程评价是劳动教育评价最为有效的方式。重视劳动教育的过程性评价，就是要重视对学生参与劳动的过程进行实时监测和调节，不要过于关注劳动项目的完成情况。学生在劳动教育过程的劳动态度、观念、能力与品质等方面的变化，应该成为评价的重点，因为这些要素对学生品格的形成具有积极作用。当然，学生品格的形成是一个长期过程，这就要求评价保持一定的连续性。一方面，依赖于内部自觉，即评价者能坚持对学生的平时表现与学段综合进行测评，能定时对教师与课程进行评价。另一方面，则需要一定的外部刺激。比如对那些劳动教育状况优良的学校，通过表扬、宣讲、奖励、财政倾斜等方式去巩固其成果、扩大其影响。此外，还需要着重探索多种形式的测评方法，并研制相应的测评工具，包括建立关于劳动教育状况的评价指标体系、学生劳动素养的评价指标体系等。同时，要重视档案袋、印证材料、轶事记录等的收集，确保劳动教育评价的有效性。

（五）建立劳动教育制度

劳动教育制度是规范、约束有关行为的一种规则体系，它的建立受多种因素的影响，特别是与经济社会发展水平、科技创新水平等密切相关。过去的劳动教育制度主要对劳动知识与技能提出要求，以促进社会经济发展为目标，相对忽视了劳动教育带给人本身的价值。实际上，劳动教育制度的建立应充分考虑学生的需要，将人性化的理念融入其中。因此，如何帮助学生成为品格完善的时代新人，是当代劳动教育制度建设的重要依据。为此，一方面，需通过教育立法的方式推进劳动教育。另一方面，基于国家层面的劳动教育指导文件，出台地方、学校的劳动教育指导性文件。2015 年发布的《关于加强中小学劳动教育的意见》以及 2020 年出台的《关于全面加强新时代大中小学劳动教育的意见》与《大中小学劳动教育指导纲要（试行）》，对劳动教育的实施提供了有力的制度支撑，使得劳动教育制度向着更加合理化、规范化的方向发展。

第三节　贯穿劳动习惯

近年来，我国大力推行新课程改革。在新课程改革过程中，除了学生知识能力的发展，良好的学习习惯、生活习惯的培养也是非常重要的，所以小学教育中，劳动教育和劳动习惯的培养十分重要。以下针对培养学生良好劳动习惯的具体策略进行分析。

一、改变教学观念，提高对劳动教育的重视程度

在传统的教学观念中，教师更多的是关注学生学科知识的掌握与成绩的提升。在这种情况下，想要更好地培养学生的劳动习惯，就需要教师认识到传统教学理念中存在的问题，然后结合教育教学理念，提升对劳动教育的重视程度，将劳动教育与学生的日常学习和生活联系起来，潜移默化地影响劳动教育的效果，培养学生良好的劳动习惯。

所以，教师在改变教学观念时，首先需要坚持"生命至上、健康第一、劳动光荣"的理念，将劳动教育融入其他学科教学中，注重调动学生的劳动兴趣和劳动热情，锻炼学生的劳动技能，通过这种方式，让学生更愿意参与劳动活动，从而养成良好的劳动习惯。其次，需要加强劳动教育的宣传，让学生真正认识到养成良好劳动习惯的重要性。例如，教师可以在平时的教育教学过程中，给学生多讲解一些名人事迹，如袁隆平为了研究杂交水稻不辞辛苦亲自照料田地，屠呦呦历经千辛万苦发现青蒿素并获得诺贝尔奖等故事，或者从学生的身边情况入手，选择一些学生熟悉的实际案例给学生讲解，让学生从别人的事迹中领悟"劳动最光荣"，从而更积极地参与劳动教育活动。

二、重视劳动教育设计，将劳动教育与日常教育结合

在任何形式的教育中，做好教育设计都是保证教学质量的关键。为了更好地保证劳动教育效果，培养学生良好的劳动习惯，在开展劳动教育之前，需要结合日常教育内容和学生的实际情况，积极做好相关劳动设计，保证劳动教育内容和教育形式能够很好地满足学生的需求。教师在开展劳动教育时，首先需要明确劳动教育的目标，然后有意识地引导学生参与劳动活动，包括学校日常劳动、班级劳动、家庭劳动等，将劳动视为自身的责任和义务，从而提升学生劳动的自觉性。其次，需要设置专门的劳动教育项目，然后结合相应的劳动教育目标，有针对性地选择相应的教育形式和教育内容，帮助学生更好地提升自身的劳动技能，养成良好的劳动习惯。最后，教师在培养学生良好劳动习惯的时候，要给学生灌输"自己的事情自己做"的理念，然后将劳动教育有效地渗透于日常教育中，提升学生的自理能力和责任意识。例如，教师可以将劳动教育和道德教育相融合，引导学生在日常生活中多做家务，更好地锻炼学生的劳动技能，培养学生良好的劳动习惯。除此之外，教师还可以多设计一些社会实践活动，让学生积极参与社会实践活动，如清理街道等，更好地培养学生的劳动习惯，同时能提升学生的公众责任意识和素质。

三、明确劳动教育原则，培养学生良好的劳动习惯

良好劳动习惯的培养是劳动教育的主要内容之一，而想要更好地保证劳动教育效果，

教师在开展劳动教育时，就需要充分明确劳动教育的基本原则，然后将相关原则融入实际的教育过程中，更好地帮助学生养成良好的劳动习惯。相关研究表明，当前劳动教育中，通常需要遵守的教学原则包括把握育人导向、遵循教育规律、体现时代特征、强化综合实施、坚持因地制宜。所以，教师在开展劳动教育时，首先需要坚持党的领导方针，明确学生"五育"并举全面发展的重要性，将培养学生正确劳动观念、劳动习惯、劳动技能等育人目标融入劳动教育中。其次，需要有效地遵循学生的特点，尊重学生在劳动教育中的主体地位，也就是遵循当前的教育规律，将理论与实践充分结合起来，更好地提升劳动教育的实效性。再次，劳动教育也需要遵循时代特征，也就是教师需要将当前科技发展及劳动改革等内容引入劳动教育中，注重新型科学技术与劳动教育的结合，将合法劳动意识融入学生的观念当中，更好地培养学生的劳动能力和科学精神。同时，在劳动教育中，综合实施是非常重要的，所以想要培养学生良好的劳动习惯，还需要将各方面的力量集中起来，包括社会、学校、家庭等，让劳动教育更加多样化和规范化。最后，坚持因地制宜的原则，结合当地的实际情况及特色，开展有针对性的劳动教育活动，不能采取"一刀切"的教育模式，保证劳动教育效果。

四、保证学生的劳动时间，加强多方合作

培养学生良好的劳动习惯并不是一朝一夕的事情。想要培养学生的劳动习惯，在开展劳动教育时，就需要结合学生的实际情况，为学生制订相应的劳动实践计划，同时保证学生的劳动时间，让学生有更多自主参与实践的机会。学生在亲身参与的过程中，自身的劳动意识、劳动观念、劳动技能等都能得到很好的提升，也就更有利于学生以后的学习和发展。而想要更好地保证学生的劳动时间和劳动机会，就需要将多方合作模式引入劳动教育中，让社会、家庭、学校等有效结合，学生的参与感会更强，学习效果也会更好。例如，可以引入家校共育模式，给学生布置一些劳动任务，然后利用放假时间，让学生参与家庭劳动，同时需要加强针对家长的宣传教育，让家长也能充分认识养成良好劳动习惯的重要性，积极配合孩子完成家务活，在日常生活中有意识地培养孩子"自己的事情自己做"的观念，让孩子尝试自主完成个人事务，从而养成良好的劳动习惯。

五、建立健全的劳动评价制度，加强对劳动教育的投入

在素质教育中，劳动教育属于必不可少的内容，也是影响学生综合素质的关键。所以，为了更好地培养学生良好的劳动习惯，在开展劳动教育时，需要更加重视学生劳动素养的评价，可以将学生的劳动素养评价融入综合评价中，然后结合当前的情况，制定相应的评价标准，对学生日常生活和学习过程中的劳动情况和结果进行记录和评价，并且进行公示。通过这种方式，将劳动教育与日常教育教学有效结合起来，也就更有利于培养学生

良好的劳动观念和劳动习惯。除此之外，也需要加强劳动教育经费的投入，引入更多劳动教育器材，并且建立健全的耗材补充机制，进一步提高大众对劳动教育的重视程度，从而更好地落实劳动教育。此外，相关部门需要建立安全管控机制，建立政府、社会、学校、家庭共同参与的教育风险分散机制，更好地保证劳动教育的开展，进一步培养学生良好的劳动习惯。

第四节　贯穿劳动知识技能

企业是拥有各种不同知识、经验、技能、技巧、诀窍、信息和社会关系资源的主体所形成的知识共同体和利益共同体。隐性知识理论常常被作为企业家和高级专业技术人员"特殊"人力资本及其产权激励的重要理论依据，并为人们广泛认同。本文认为，对于企业技能劳动者人力资本，隐性知识理论的分析框架和分析逻辑同样适用，并具有重要的理论和实践意义。

一、技能型劳动与技能劳动者

长期以来，由企业一线普通劳动者所从事的生产性劳动被认为是体力劳动和简单劳动，是缺乏知识含量和技术含量的，在企业中处于从属地位；企业中的普通劳动者则被定义为一般人力资本，是所谓依赖性资源。国内企业理论研究长期以来偏重于企业家经营者或高管人员人力资本及其激励问题的研究，而对普通劳动者激励问题则缺乏比较深入的研究，或失之简单化，由此带来了理论上和实践上一些令人关注的问题，如近年来技工短缺和劳动关系问题日益突出莫不与此有关。因此，本文认为，需要从理论上对有关问题加以深入探讨。

技能型劳动是近年国内有关论者提出或欲强化的一个概念。有学者对如何确认技能型劳动的性质、形式及其在价值创造中的地位与作用，以及唤醒全社会对重视技术工人及其技能型劳动的认同感进行了比较深入的研究；他们认为，在当代任何一个正规的企业，都无一例外地存在三种类型的劳动：企业经营者的管理型劳动、专业科研人员的科技型劳动、技术工人的技能型劳动。这三种不同的劳动在企业发展中缺一不可。无论是管理型劳动、科技型劳动，还是技能型劳动，都创造使用价值（社会财富）和价值，它们对生产力发展和社会进步都是不可缺少的。在知识经济时代，工人劳动的复杂程度和智能化程度越来越高，一线生产操作对工人的智力和劳动技能的要求也比过去简单的手工劳动时高得多。工人的技术素质在现代化工业生产和企业持续发展中的制约作用日益突出，产品质量、产品竞争力也更加依赖于工人的科学文化水平和知识化程度。掌握了先进知识、先进技术的新一代产业工人，是企业生产力中最重要、最积极、最活跃的因素，他们心灵手巧，凭借着自己卓有成效的技能型劳动，在平凡的岗位上默默无闻地创造着财富，创造着价值，也创造着奇迹。他们在生产过程中摸索出来的许多技能，大幅度提高了工作效率和产品质量，这就是创新性技能型劳动的重要价值与贡献所在。

还有学者则重点对技术工人作为现代技能劳动者及其价值实现进行了比较深入的研究，认为，技术工人的劳动既有体力的支出，也含有脑力劳动。特别是近十多年来，企业加工设备的日益智能化，技术工人的劳动知识化趋势非常显著。技术工人的创造性劳动是由潜在的生产力向现实生产力转换的唯一途径，直接创造出使用价值，是实现使用价值的必经手段。人们常说的劳动创造世界，这个劳动实际上是指脑力劳动和体力劳动的综合，而非其中任何一个单方面。因此，作为技能型劳动者，技术工人价值体现具有必然性，价值实现具有直接性，价值结构则具有多元性，即体力性、知识性和创造性集于一体。另外，陈宇、毕结礼等人也从高技能人才队伍建设方面对相关问题进行了研究。

本文认为，当前国内众多论者对技能型劳动和技能劳动者所进行的研究，唤起了人们对有关问题的关注，开拓了现代企业理论的研究视野，具有重要的启示作用，其理论和实践上的重要意义不可小视。同时，本文认为当前国内该领域的研究还需要进一步向前推进，尤其是在具有一般理论意义上的分析性研究有待深化。为此，隐性知识理论可以为技能劳动者及其劳动的性质与管理研究提供一个有力的理论支点。

二、技能劳动者隐性知识的性质与管理

（一）隐性知识的一般含义和特征

20世纪60年代以来，隐性知识理论研究迅速发展，近20年来更成为知识观企业理论、企业能力理论和知识管理理论的重要基础，许多著名学者对此都有重要论述。波兰尼从哲学的角度首开隐性知识的研究，他指出"在一个人所知道的、所意识到的东西与他所表达的东西之间存在着隐含的未编码的知识"，波兰尼强调了隐性知识来源于个体对外部世界的判断与感知，是源于经验的。还有学者认为"隐性知识，如某种技能，是不可用语言来解释的，它只能被演示证明它是存在的，学习这种技能的唯一方法是领悟和练习""隐性知识是源于经验和技能的""隐性知识是高度个人化的知识，有其自身的特殊含义，因此很难规范化也不易传递给他人"等。隐性知识不仅隐含在个人经验中，同时也涉及世界观、个人信念、价值体系等因素。

当前在国内，关于隐性知识的概念和特征的研究观点很多。隐性知识是高度个人化的知识，存在于人的头脑中，它难以捉摸，不易识别，难用数字、公式和科学法则等来表达，也很难用文字、语言、图形来精确描述，不易模仿和复制，隐性知识包括非正式的、难以表达的技能、技巧、经验和诀窍等，这些技能方面的隐性知识主要深植于人们的行为与经验中，是个人长期积累和创造的结果。企业隐性知识是指存在于员工个体和企业内各

级组织（团队、部门、企业层次等）中难以规范化、难以言明和模仿、不易交流与共享，也不易被复制或窃取、尚未编码和显性化的各种内隐性知识，同时还包括通过流动与共享等方式从企业外部有效获取的隐性知识。企业隐性知识的主要特征是难以理解，难以用数字、公式和科学法则等来表达，也很难用文字、语言来精确表述，交流与转化速度相对较慢，成本较高，在一定程度上具有独占性和排他性等。

归纳起来看，国内学者关于隐性知识概念内涵和特征的研究都强调了隐性知识的个人（个体）性、经验性、复杂性、难以编码性，以及隐性知识生产、储存、传播和共享的低速率和高成本性。可以说，隐性知识实际上是企业的一种无形资产，其大部分存在于员工的头脑中，其表现形式是他们所拥有的技能、经验、洞察力、直觉，以及组织内外由特定工作流程所形成的各种人际关系，是企业至关重要且必须花费高昂成本和代价才能掌握的财富。

（二）技能劳动者隐性知识的核心是其拥有的现场情景知识

从隐性知识理论的基本内容我们可以看到，目前人们对隐性知识的分类中，最基本的一类就是技能方面的隐性知识，即那些非正式的、难以表达的技能、技巧、经验和诀窍等，而这正是技能劳动者隐性知识存在的基本形式和主要形式。本文认为，技能型劳动最显著的特点就是各类技能劳动者所拥有的实际操作能力和工作经验，他们以所拥有的高超技能在直接生产现场进行着程度不等的创造性劳动，例如，技术工人由于常年工作在生产第一线，对设备、技术工艺等非常熟悉，最有可能提出建议进行改进，修改图纸和工艺是常有之事，工人们往往会有独特的发现和创造性建议，这对于完善产品和工艺，起到了非常重要的作用。技术工人所做的这种性质的工作其实是对技术设计人员工作的再创造或"二次"创造，他们的独特作用是专业科研人员不可替代的。

技能劳动者的创造性源于技能型劳动的实质是一种生产性隐性知识的供给，这种生产性隐性知识最重要的特点是它的现场性或情景性。哈耶克在其多种论著中首次阐述了"特定情势的知识"的概念，指出，这种知识不同于一般性的可以显性化的科学知识，而是关于企业生产和销售特定情景情势和特定条件下的知识，只有"在现场的人"才能够了解，这种知识具有分散性（离散性）、个人性、情景（或场景）依赖性，以及默示性和默会性，不在同一情景中的人根本无法沟通和交流，即使是处于同一场景或情势的人，其沟通与交流由于授受者之间主观或客观的原因也是非常困难的，因而其传承和转移的速率较低、成本较高，企业当中与技能劳动者工作直接相关的产品生产制造活动就典型地具有这种特点。

分散于企业不同生产阶段或环节的一线劳动者由于个人在工作中思考问题、解决问题的态度、价值观、学习能力、感悟能力和心智模式的差异，他们在生产现场所掌握的现场操作经验和心得也具有明显的个体差别，因而属于隐性知识的范畴，例如，由于企业中不同的人对特有工艺路线、各工序所提出的规格要求认识上的不同，对生产操作上工艺和设备性能认识和掌握程度上的差别，不同劳动者之间所产生的生产效果也就不同，有的人动作要领到位，操作过程控制得好，工作质量高，对上、下生产环节具有明显的协调作用，因而对整个生产系统降低成本、提高效率具有很好的促进作用，而有些人却可能正好相反。这说明企业中每一个在生产现场的基层劳动者自觉地、高质量地提供组织所需要的、各自独特的隐性知识是组织有效运转的重要基础保障。这一过程就是每个劳动者的个人隐性知识显性化并转化为组织共同知识，并进而生成为企业核心能力的过程。

（三）技能劳动者隐性知识的管理

严格地说，在生产现场所产生的先进经验和操作心得从组织体系上讲属于离散性的知识，如果只在个别环节和局部过程发挥作用，则对整个生产流程和组织运行的意义并不大，因此通常需要将这些经验和心得经过实际验证后在组织内部进行推广，这就是通常所说的知识共享。这个验证的过程是对基础操作工艺参数进行收集和优化的过程，也是将抽象的经验心得加以具体化的过程。通过对收集的基础工艺参数的总结分析，优化操作工艺，建立起新的操作标准，从而形成团体知识和组织知识，提升员工的整体知识水平，形成集体技能。所以，隐性知识只有通过一定的形式转化为显性知识，才能充分发挥其特别显著的成效。

为实现具有隐性知识特性的个人经验和心得的共享，组织内部需要提供和构建适宜的环境，通过建立员工之间充分沟通与交流的机制，促进和强化组织成员创造知识的积极性和主动性。鉴于技能型劳动的特点，一般来说，"传、帮、带""干中学""用中学""互动中学"这些方式是实现技能型隐性知识共享的最佳途径，能够有效地促进全体操作员工对这些经验和心得进行体验和掌握，例如，通过举办现场经验交流会，让那些对生产操作工艺理解透彻、掌握精准，对设备性能熟悉了解，以及对过程控制较好的员工现身说法，充分展示自己的现场知识，与同事分享自己悟出的工作上的"窍门儿"，同时对其他员工的工作积极性和创造性的提高也可以起到示范和激励的作用。对于现场性强的生产性隐性知识，要想低成本、高效率地进行传承和转移，除此别无良途。

将散落于生产现场各处的知识加以整合，就是人们现在常说的所谓知识管理，现在已经成为许多企业进行管理创新和提高业绩的重要方式，通过对现场知识的创造和发掘，把属于"看不见、摸不着"的现场知识转化成为生产服务的组织知识，可以为企业创造更大的附加价值和效益。另外，知识生产（创造）、传播和共享的过程，同时也是组织内部共同价值观、组织惯例、群体行为模式和组织文化生成的过程，这为企业的可持续发展奠定了坚实的基础，提供了最重要的保证。

参考文献

[1] 刘易斯. 失去灵魂的卓越：哈佛是如何忘记教育宗旨的 [M]. 侯定凯，译. 上海：华东师范大学出版社，2012：32.

[2] 布卢姆. 教育评价 [M]. 邱渊，王刚，夏孝川，等译. 上海：华东师范大学出版社，1987.

[3] 北京大学哲学系外国哲学史教研室. 古希腊罗马哲学 [M]. 北京：生活·读书·新知三联书店，1957：138.

[4] 王蓉拉，姜燕萍. 试论"人是万物的尺度"的价值意义 [J]. 社会科学，2003 (5)：81-86.

[5] 喻文德. 论本体价值的构建 [J]. 求索，2007 (6)：160-162.

[6] 余泽元，王开升. 立德树人：师德的养成之道 [J]. 教育研究，2021，42 (3)：149-159.

[7] 康德. 道德形而上学原理 [M]. 苗力田，译. 上海：上海人民出版社，1986：47.

[8] 徐彬，刘志军. 指向核心素养的课程评价探析 [J]. 课程·教材·教法，2019，39 (7)：22.

[9] 杜威. 评价理论 [M]. 冯平，余泽娜，译. 上海：上海译文出版社，2007.

[10] 中共中央马克思恩格斯列宁斯大林著作编译局. 马克思恩格斯全集：第42卷 [M]. 北京：人民出版社，1979：97.

[11] 怀特海. 过程与实在 [M]. 杨富斌，译. 北京：中国城市出版社，2003：40.

[12] 张生，王雪，齐媛. 人工智能赋能教育评价"学评融合"新理念及核心要素 [J]. 中国远程教育，2021 (2)：1-8.

[13] 齐善鸿，邢宝学. 解析"道本管理"的价值逻辑：管理技术与文化融合的视角 [J]. 管理学报，2010，7 (11)：1584-1590.

[14] 张乾友. 在三维社会关系网络中理解评价性权力 [J]. 南京社会科学，2018 (3)：76-84.

[15] 潘云鹤. 人工智能2.0与教育的发展 [J]. 中国远程教育，2018 (5)：5-8.

[16] 休谟. 人性论：下册 [M]. 关文运，译. 北京：商务印书馆，1997：251.

[17] 艾耶尔. 语言、真理与逻辑 [M]. 尹大贻，译. 上海：上海译文出版社，1981：116-130.

[18] 牧口常三郎. 价值哲学 [M]. 马俊峰，江畅，译. 北京：中国人民大学出版社，1989：7-8.

[19] 章振乐. 新时代劳动教育评价改革的思考与实践 [J]. 中小学德育，2020 (4)：63-64.

[20] 檀传宝. 劳动教育的概念理解：如何认识劳动教育概念的基本内涵与基本特征 [J]. 中国教育学刊，2019 (2)：82-84.

[21] 顾建均. 劳动教育要抓住灵魂科学实施 [N]. 中国教育报，2018-11-28 (9).

[22] 波兰尼. 大转型：我们时代的政治与经济起源 [M]. 冯刚，刘阳，译. 杭州：浙江人民出版社，2007：53.